BIBLIOGRAPHISCHER DIENST
STAAT UND RECHT

Herausgeber:
DEUTSCHES INSTITUT FÜR RECHTSWISSENSCHAFT
Potsdam-Babelsberg

Jahrgang 2/1956 — Heft 4
August

AKADEMIE-VERLAG GMBH BERLIN

Bezug des Bibliographischen Dienstes
Erscheinungsweise: zweimonatlich
Preis pro Heft 3,70 DM

Bestellungen sind zu richten an eine Buchhandlung oder an die Post.

Auslieferungen:

Für das Gebiet der Deutschen Demokratischen Republik: LKG - Leipziger Kommissions- und Großbuchhandel, Leipzig C 1, Leninstraße 16

Für das Gebiet der Bundesrepublik Deutschland: KUNST UND WISSEN - Inh. Erich Bieber, Stuttgart N, Hospitalstraße 33a.

Für das gesamte Ausland: Deutsche Buch-Export und -Import GmbH., Leipzig C 1, Postschließfach 276, oder Akademie-Verlag GmbH., Berlin W 8, Mohrenstraße 39.

Anschrift der Redaktion:
Deutsches Institut für Rechtswissenschaft, Abt. Bibliothek,
Potsdam-Babelsberg-II, Karl-Marx-Straße 2

Bearbeiter: Dr. Renate Bellmann und Helmut Luft
Transkription: Bibliothekarisch und phonetisch

Inhaltsverzeichnis:

A. BIBLIOGRAPHIE AUS ZEITSCHRIFTEN DER DEUTSCHEN DEMOKRATISCHEN REPUBLIK, DER SOWJETUNION UND DEN LÄNDERN DER VOLKSDEMOKRATIE

Diese Bibliographie enthält eine Auswahl einschlägiger Artikel aus folgenden Zeitschriften: 1)

a) Deutschsprachige Zeitschriften

Ahdl.	= Der Außenhandel, Berlin	1956,H.5-7
Altertum	= Das Altertum, Berlin	1956,H.1
Arb.	= Die Arbeit, Berlin	1956,H.3-4
Aufb.	= Aufbau (Kulturpolitische Monatsschrift), Berlin	1956,H.3
A.u.S.	= Arbeit und Sozialfürsorge, Berlin	1956,H.5-8
Ber.Dt.Wirtsch.Inst.	= Berichte des Deutschen Wirtschaftsinstituts, Berlin	1956,H.3
ddz	= Dokumentation der Zeit, Berlin	1956,H.113-116
Dem.Aufb.	= Demokratischer Aufbau, Berlin	1956,H.6-8
DFW	= Deutsche Finanzwirtschaft, Berlin	1956,H.5-8
Dt.Ldwi.	= Die deutsche Landwirtschaft, Berlin ..	1956,H.3-4; Sondernummer
Einh.	= Einheit, Berlin	1956,H.3
EuV	= Erfindungs- und Vorschlagswesen, Berlin	1956,H.1;5-8
Forum,Wiss.Beil.	= Wissenschaftliche Beilage des Forum, Berlin	1956,H.2-3
Gew.Akt.	= Das Gewerkschaftsaktiv, Berlin	1956,H.5-7
Grds.Fr.KG	= Grundsätzliche Fragen der Konsumgenossenschaften, Berlin	1956,H.1-2
Hdl.	= Der Handel, Berlin	1956,H.5-8
Mtbl.VDJD	= Mitteilungsblatt der Vereinigung demokratischer Juristen Deutschlands, Berlin, ...	1956,H.1
Nat.	= Die Nation, Zeitschrift für Theorie und Praxis Nationaler Politik, Berlin	1956,H.3
NJ	= Neue Justiz, Berlin	1956,H.6-11
N.Weg	= Neuer Weg, Berlin	1956,H.4-6
N.Zeit	= Neue Zeit, Moskau	1956,H.10-15
Reporter	= Der Reporter, Berlin	1956,H.3

RID	= Rechtswissenschaftlicher Informationsdienst, Berlin	1956,H.7-11
Schöffe	= Der Schöffe, Berlin	1956,H.3-4
Sov.Wiss.(GA)	= Sowjetwissenschaft,Gesellschaftswiss. Abteilung, Berlin	1956,H.3
Stat.Prax.	= Statistische Praxis, Berlin	1956,H.3
St R	= Staat und Recht, Berlin	1956,H.3
Vpol.	= Die Volkspolizei, Berlin	1956,H.5-8
Weltb.	= Die Weltbühne, Berlin	1956,H.1-16
WGBew.	= Die Weltgewerkschaftsbewegung, Berlin .	1956,H.3
Wiss.Ann.	= Wissenschaftliche Annalen, Berlin	1956,H.3-4
WZ DA	= Wissenschaftliche Zeitschrift der Deutschen Akademie für Staats- und Rechtswissenschaft "Walter Ulbricht", Potsdam-Babelsberg	1955/56,H.1
WZ Halle	= Wissenschaftliche Zeitschrift der Martin- Luther- Universität, Halle	1955/56,H.3-4
Zs.Gesch.Wiss.	= Zeitschrift für Geschichtswissenschaft, Berlin	1955,H.6
Zs.Jug.Heimerz.	= Zeitschrift für Jugendhilfe und Heimerziehung, Berlin	1956,H.3-4

b) <u>Fremdsprachige Zeitschriften</u>

Állam és Igazg.	= Állam és Igazgatas (Staat und Verwaltung) Budapest	1955,H.11-12 1956,H.1-2
J.N.	= Justitia Nouá (Neue Justiz),Bukarest ..	1955,H.6
	Kommunist, Moskau	1956,H.3
	Lupta de Clasa (Der Klassenkampf), Bukarest	1956,H.1
Mežd.žizn.	= Meždunarodnaja žizn (Das internationale Leben), Moskau	1956,H.1-2
	Nowe Drogi (Neue Wege), Warschau	1956,H.3
N.P.	= Nowe Prawo (Neues Recht), Warschau	1956,H.2-3
Pr.	= Právnik (Der Jurist), Prag	1956,H.1-2
Probl.econ.	= Probleme economice (Fragen der Ökonomie), Bukarest	1956,H.1
Pr.obz.	= Právny obzor (Juristische Rundschau), Prag	1956,H.1-2
Pr.študie	= Právnické štúdie (Juristische Studie), Prag	1955,H.1-4
Soc.zák.	= Socialistická zákonnost (Die sozialistische Gesetzlichkeit), Prag	1956,H.1-2
	Soudce z lidu (Der Volksrichter), Prag	1955,H.12 1956,H.2

Sov.gos.pravo = Sovetskoe gosudarstvo i pravo (Sowjetstaat und Sowjetrecht), Moskau 1956,H.2

Vopr.fil. = Voprosy filosofii (Fragen der Philosophie), Moskau 1956,H.1

Vopr.ist. = Voprosy istorii (Fragen der Geschichte), Moskau 1956,H.1-2

1) Die hier aufgeführten Hefte sind gemäß der Benutzungsordnung der Bibliothek des Deutschen Instituts für Rechtswissenschaft bedingt ausleihfähig.

1.Marxismus-Leninismus [1]

Charitonov,Ju.T.(Charitonow,Ju.T.): Aus der Geschichte der Ausarbeitung der marxistischen Wirtschaftstheorie.(Vopr.ist.,1956,H.2, S.41-52)

Kanev,S.N.(Kanjew,S.N.): Die Parteimassen im Kampf um die Einheit der RKP (B) in der Periode der Gewerkschaftsdiskussion (1920-1921).(Vopr.ist.,1956,H.2, S.17-27)

Kuczynski,J.: Zum bisherigen Verlauf der Diskussion über die Frage der völligen Übereinstimmung der Produktionsverhältnisse mit dem Charakter der Produktivkräfte in Deutschland.(Zs.Gesch.Wiss., 1955,H.6, S.923-927)

Minasjan,A.M.: Zum Problem des Widerspruchs zwischen Form und Inhalt.(Vopr.fil.,1954,H.4, S.173-182; deutsch: Sov.Wiss.,1956, H.3, S.305-320)

2.Theorie des Staates und des Rechts

Büttner,H.: Für die Durchsetzung marxistisch-leninistischer Wissenschaftsprinzipien in der rechtswissenschaftlichen Forschungsarbeit. Bemerkungen zur Babelsberger Konferenz vom 2.bis 4.März 1956. (St R,1956,H.3, S.273-285)

Čeprakov,V.(Tscheprakow,W.): Die bürgerlichen Ökonomen und der Staatsmonopolistische Kapitalismus.(Vopr.ekon.,1955,H.9,S.134-147; deutsch: Sov.Wiss.,1956,H.3, S.271-289)

David,J.: Die weitere Festigung der sozialistischen Gesetzlichkeit ist die unerläßliche Voraussetzung für die erfolgreiche Erfüllung der Aufgaben des staatlichen Planes zur Entwicklung der Wirtschaft. (Soc.zák.,1956,H.1, S.1-4)

1) Die nach der Fundstelle eines Artikels angegebenen Zahlen verweisen auf die Bedeutung dieses Artikels auch für andere Fachgebiete entsprechend der hier zugrundegelegten Systematik.

Fedoseev,P. (Fedosejew,P.): Über den Zusammenhang der Philosophie mit der Politik. (Kommunist,1956,H.3, S.33-48)

Foustka,R.N.: Zur Frage der politischen Normen im sozialistischen Staat. (Pr.,1956,H.2, S.97-112)

Joos,A.;I.Streit: Es geht um die Einhaltung der demokratischen Gesetzlichkeit.(N.Weg,1956,H.5, S.274-279)

Kečekjan,S.F.(Ketschekjan,S.F.): Rechtsnormen und Rechtsverhältnisse.(Sov.gos.pravo,1955,H.2, S.23-32; deutsch: RID,1956,H.7, Sp.197-206)

Der 20.Parteitag der KPdSU und die Aufgaben der sowjetischen Rechtswissenschaft. (Sov.gos.pravo,1956, H.2, S.3-14)

Lakatos,M.: Die Formen des tschechoslowakischen Rechts.(Pr.štúdie, 1955, H.4, S.551-579)

Lenski,J.: Für die antifaschistische Volksfront in Polen. (Nowe Drogi,1956, H.3, S.56-74)

Melzer,I.: Recht und Rechtsbewußtsein. Diskussionsbeitrag zum gleichnamigen Artikel von Dr. Hilde Benjamin.(St R,1956,H.3, S.390-394)

Mikuson,I.: W.Lippmann, The Public Philosophy. Boston 1955.(Rez.) (Mezd.zizn,1956,H.1, S.135-137)

Neumann,O.: Die Funktion der bürgerlichen Parteien in Westdeutschland. (Einh.,1956, H.3, S.271-278)

Orleanski,A.I.: Zur Frage der Gesetzmäßigkeiten in der gesellschaftlichen Entwicklung. (Vopr.ist.,1955,H.10, S.67 ff.;deutsch: RID,1956,H.7, Sp.207-214)

Ostrovitjanov,K.V.(Ostrowitjanow,K.W.): Die Ausnutzung der ökonomischen Gesetze des Sozialismus in der Praxis des kommunistischen Aufbaus.(Vopr.fil.,1955,H.4, S.3-16; deutsch: Sow.Wiss.,1956,H.3, S.255-272)

Ozerov,V.P.(Oserow,W.P.): Die Rolle des Sowjetrechts bei der Verwirklichung des Prinzips der materiellen Interessiertheit. (Sov.gos.pravo,1956, H.2, S.36-45) 17

Petrov,V.S.(Petrow,W.S.): Über den Begriff der Staatsform.(Voprosy sovetskogo gosudarstva i prava.Nr.187, S.64-83; deutsch:Sov.Wiss., 1956,H. 3, S.321-339)

Pieck,W.: Über das Weltsystem des Sozialismus.(Einh.,1956,H.3, S.224-233)

Piontkovski,A.A.(Piontkowski,A.A.): Einige Fragen der allgemeinen Theorie des Staates und des Rechts.(Sov.gos.pravo,1956,H.1, S.14-27; deutsch: RID,1956,H.7, Sp.183-197)

Schaul,H.;H.Such.;H.Kröger: Zu einigen Aufgaben der Rechtswissenschaft.(Diskussionsbeiträge von der 3.Parteikonferenz der SED) (NJ,1956,H.8, S.230-235)

Sobolev,A.I.(Sobolew,A.I.): Über die Gesetzmäßigkeiten des Übergangs vom Kapitalismus zum Sozialismus in den europäischen Ländern der Volksdemokratie.(Vopr.fil.,1956, H.1, S.30-46)

Sobolev,A.(Sobolew,A.): Die welthistorische Bedeutung des sozialistischen Lagers. (Kommunist,1956,H.3, S.15-32)

Špaček,V.: V.Lachout, Die juristische Literatur ist von ideologischen und politischen Fehlern zu säubern.(Rez.)(Pr.,1956,H.1, S.70-76)

Tumur-Očir,D.(Tumur-Otschir,D.): Über den nicht kapitalistischen Weg der Entwicklung der zurückgebliebenen Länder zum Sozialismus. (Vopr.fil.,1956,H.1, S.47-62)

3.Geschichte des Staates und des Rechts

Bülter,H.: Zur Geschichte Deutschlands im ersten Weltkrieg(1914-1915).(Zs.Gesch.Wiss.,1955,H.6, S.835-855)

Doer,B.: Neros Menschenfackeln.(Altertum,1956,H.1, S.15-28)

Dunken, G.: Deutsche Bauern in den Landständen des 14.und 15.Jahrhunderts.(Wiss.Ann.,1956,H.3, S.155-163)

Zu Fragen der Gegenwartsgeschichte.(ddz,1956,H.113, Sp.8980-8993)

Herrmann,U.: Der Kampf der Sozialdemokratie gegen das Dreiklassenwahlrecht in Sachsen in den Jahren 1905-1906.(Zs.Gesch.Wiss.,1955, H.6, S.856-883)

Hlavsa,J.: Das Großmährische Reich - ein frühfeudaler Staat. (Pr.studie,1955,H.4, S.527-550)

Klein,F.: Diskussion über den Aufsatz von Werner Plesse "Zum antifaschistischen Widerstandskampf in Mitteldeutschland (1939-1945)". (Zs.Gesch.Wiss.,1955,H.6, S.928-933)

Kornejčik,E.I.(Korneitschik,J.I.): Die ökonomischen Voraussetzungen für die Formierung der belorussischen bürgerlichen Nation. (Vopr.ist.,1955,H.8, S.94-104; deutsch: Sov.Wiss.,1956,H.3, S.340-356)

Lakatoš,M.: Rechtshistorische Studien. Bd 1.1955.(Rez.)(Pr.,1956, H.2, S.178-182)

Schobeß,J.: Fortschrittliche Kämpfer aus dem Mittelstand in der Revolution 1848/49. (Nat.,1956,H.3, S.219-231)

Sinogowitz,B.: Vom Recht und den Rechtsbüchern der Byzantiner. (Altertum,1956,H.1, S.38-47)

Sjuzjumov,M.Ja.(Sjusjumow,M.Ja.): Zur Frage der Feudalisierungsprozesse im Römischen Imperium. (Vestnik drevnej istorii,1955, H.1, S.51-67; deutsch: Sov.Wiss.,1956, H.3, S.357-374)

Soboul,A.: Untersuchungen über die französische Revolution: Sansculotten und Revolutionsregierung. (Zs.Gesch.Wiss.,1955,H.6, S.884-903)

Staats- und Rechtsgeschichte der Slowakei in den Jahren 1918-1954. (Pr.studie, 1955,H.4, S.632-641)

Zboralski,D.: Zur Stellung der Reichswehr-Generalität in den letzten Jahren der Weimarer Republik. (Zs.Gesch.Wiss.,1955,H.6,S.835-939)

4.Geschichte der politischen Anschauungen

Boura,F.: Die historische Bedeutung des Werkes von Montesquieu. (Pr.stúdie,1955,H.4, S.491-526)

Foustka:G.L.Seidler, Studien aus der Geschichte der politischen Anschauungen der antiken Welt.1955.(Rez.)(Pr.,1956,H.2, S.182-189)

Šnitman,A.M.(Schnitman,A.M.): Die revolutionäre Tätigkeit D.N.Blagojevs in Rußland und Bulgarien (1878-1885).(Vopr.ist.,1956,H.2, S.96-107)

5.Völkerrecht und Außenpolitik

Zum Abschluß des Abkommens über die gemeinsame Verteidigung zwischen Ägypten und Syrien und zwischen Ägypten und Saudiarabien. (25.u.27.Okt.1955)(Mežd.žizn,1956,H.2, S.154-159)

Zur Londoner Tagung des Unterausschusses der UN-Abrüstungskommission. (ddz,1956,H.116, Sp.9297-9308)

Afanas'eva,O.(Afanasjewa,O.): Zur Geschichte der Neutralität der Schweiz.(Mežd.žizn,1956,H.1, S.78-84)

Aleksandrov,B.A.(Aleksandrow,B.A.): Die Rechtlosigkeit der Inder in der Südafrikanischen Union.(Sov.gos.pravo,1956, H.2,S.118-124)

Azud,J.: Zu einigen Problemen der diplomatischen Immunitäten und Privilegien.(Pr.studie,1955,H.4, S.607-631)

Barsegov,Ju.G.(Barsegow,Ju.G.): Goa gehört rechtmässig zu Indien. (Sov.gos.pravo,1956,H.2, S.115-118)

Becher,K.: Zu einigen Fragen des militärischen Stützpunktsystems der USA und seinem Verhältnis zum Völkerrecht.(WZ DA,1955/56,H.1, S.25-39)

Der Briefwechsel zwischen N.A.Bulganin und Präsident Eisenhower. (23.Jan.-4.Febr.1956)(ddz,1956,H.113,Sp.9036-9053)

Gruppi,L.: Italien und die internationale Entspannung.(Mežd.žizn., 1956,H.2, S.45-54)

Injutin,S.;V.Petuchov: Die Festigung der Freundschaft und der Zusammenarbeit zwischen der UdSSR und Afghanistan.(Mežd.žizn,1956, H.1, S.40-49)

Jurinov,B.(Jurinow,B.): Die Festigung der internationalen Beziehungen der Deutschen Demokratischen Republik.(Mežd.žizn,1956,H.1, S.85-95)

Ivanov,K.;A.Vasil'ev(Iwanow,K.;A.Wasiljew): Auf schlüpfrigem und gefährlichem Wege.(Bagdadpakt).(Mežd.žizn,1956,H.2, S.25-36)

Kamenev,V.;I.Kirin(Kamenew,W.): Was sagen die Ergebnisse der 10. Vollversammlung der Vereinten Nationen. (Mežd.žizn,1956,H.1, S.26-39)

Karpichin,A.: Die Interessen des Friedens verlangen die politische Regelung in Vietnam und Laos. (Mežd.žizn,1956,H.1, S.50-58)

Kofer, H.: Die Verantwortung unserer Republik im System der wirtschaftlichen Zusammenarbeit der sozialistischen Staaten. (Gew.Akt.,1956,H.6, S.8-13)

Kohl,M.: Die Bedeutung der völkerrechtlichen Anerkennung für die Rechtsstellung neuer Staaten und Regierungen. (St R,1956,H.3, S.286-300)

Korowin,J.: Auf der internationalen Konferenz juristischer Gutachter. (N.Zeit,1956, H.15, S.20-23)

Lachs,M.: Der Warschauer Vertrag und der Nordatlantikpakt. (Mežd.žizn,1956,H.2, S.113-116)

Manfred,A.: Frankreich und die Sowjetunion. (N.Zeit,1956,H.14, S.3-7)

Mel'nikov,D.(Melnikow,D.): Das Neutralitätsproblem und die gegenwärtige internationale Lage. (Mežd.žizn,1956,H.2, S.72-80)

Molčanov,N. (Moltschanow,N.): Rings um Euratom. (N.Zeit,1956, H.13, S.6-10)

Morozov,G.I. (Morosow,G.I.): Die Propagierung der Feindschaft zwischen den Staaten steht im Widerspruch zum Völkerrecht. (Sov.gos.pravo, 1956,H.2, S.99-107)

Myrdal,G.: Ein Organ der gesamteuropäischen Wirtschaftszusammenarbeit.(UN-Wirtschaftskommission für Europa (ECE))(N.Zeit,1956, H.14, S.11-13)

Olteanu,O.: Die Deutsche Demokratische Republik - ein gleichberechtigtes Subjekt in den internationalen Beziehungen. (J.N.1955, H.6, S.801-808)

Reintanz,G.: H.Brandweiner, Der österreichische Staatsvertrag. Leipzig, Jena 1955, (Rez.).(NJ,1956,H.9, S.288a)

Steiniger,P.A.: Zur Abrüstungsfrage. (NJ,1956,H.7, S.193-197)

Tavrov,G. (Tawrow,G.): Die Koreafrage. (Mežd.žizn,1956,H.2, S.81-96)

Toeplitz, H.: Die Asienreise der Regierungsdelegation der Deutschen Demokratischen Republik.(Mtbl.VDJD,1956, H.1, S.2-6)

Tomko,J.K.: Zur Frage der Koexistenz der beiden Systeme vom Standpunkt des Völkerrechts. (Pr.obz.,1956, H.1, S.1-3)

Der vierte Bericht der Internationalen Kommission für Aufsicht und Kontrolle in Vietnam. (1.Okt.1955) (Mežd.žizn,1956,H.1, S.151-157)

Die Tagung des Politischen Beratenden Ausschusses der Teilnehmerstaaten des Warschauer Vertrages in Prag (27.u.28.Jan.1956). (ddz,1956,H.113, Sp.9004-9029)

Deklaration der Teilnehmerstaaten des Warschauer Vertrages (28.Jan.1956). (ddz,1956,H.113, Sp.9028-9035)

Zilliakus, K.(Silliakus,K.): Was wird nach der Genfer Konferenz? (Mezd.zizn,1956,H.2, S.107-112)

6.Staatsrecht

Avarin,V. (Awarin,W.): Indien - eine Großmacht. (Mežd.žizn,1956, H.2, S.16-24)

Benjamin,H.: Die sozialistische Gesetzlichkeit strikt verwirklichen! (Diskussionsbeitrag von der 3.Parteikonferenz der SED) (NJ,1956,H.8, S.228-230) 2

Die nicht durchgeführte Bodenreform in Niedersachsen. (Presseauszüge)(ddz,1956,H.114, Sp.9192-9199)

Böhm, H.: Verbotsprozeß gegen den DFD in Rheinland-Pfalz.(Mtbl. VDJD,1956, H.1, S.30-31)

Bondar',N.N.(Bondar,N.N.): Die Entstehung der Machtorgane des Volkes in Jugoslavien in den Jahren 1941-1942.(Vopr.ist.,1956,H.2, S.114-123)

Bystrina,I.;M.Lakatos: Die wirtschaftlich-organisatorische Tätigkeit unseres volksdemokratischen Staates. (Pr.,1956,H.1,S.4-20) 7

Funder,W.: Die Freie Demokratische Partei (FDP) in Westdeutschland. (Nat.,1956,H.3, S.198-206)

Der Kampf um die Wiederherstellung der demokratischen Gesetzlichkeit in den USA.(Mtbl.VDJD,1956,H.1, S.15-22)

Grenier,F.: Die politische Lage in Frankreich nach den Wahlen. (Mezd.zizn,1956,H.2, S.37-44)

Gromyko,T.;A.Ševčenko (Gromiko,T.;A.Schewtschenko): Zur Frage von der Rolle der Parlamente in der Sache der Festigung des Friedens. (Mežd.žizn,1956,H.2, S.97-106)

Das militärische Kriegspotential Westdeutschlands (XXI) (Grundgesetzänderungen und Soldatengesetz vom Bundestag verabschiedet.) (ddz,1956,H.116, Sp.9357-9365)

Gurvič,G.S.(Gurwitsch,G.S.): Ein Buch über das Staatsrecht Indiens (Dhirendranath Sen,From raj to swaraj.Calcutta,1954).(Sov.gos. pravo,1956,H.2, S.148-150)

Haupt,L.: Die Souveränität der beiden in Deutschland bestehenden Staaten.(St R,1956,H.3, S.301-321)

Haupt,L.: Die Ständigen Kommissionen der örtlichen Organe der Staatsgewalt und ihre Aufgaben und Bedeutung im Kampf um die Lösung der Hauptaufgaben des Staates in der Deutschen Demokratischen Republik.(WZ DA,1955/56, H.1, S.40-46)

Jegorov,Ja.(Jegorow,Ja): Die Verfassung der Föderativen Volksrepublik Jugoslawien.(Sov.gos.pravo,1956,H.1, S.105-115; deutsch: RID,1956,H.10, Sp.279-290)

Die "Iswestija" über die Kodifizierungsarbeiten in der UdSSR. (N.P.,1956,H.3, S.80-81)

Resolution des 20.Parteitages der Kommunistischen Partei der Sowjetunion zum Rechenschaftsbericht des Zentralkomitees der KPdSU. (N.Zeit.,1956,H.10 (Beil.), S.3-14)

Parteivorstand der KPD beantragt erneute Verhandlung im KPD-Prozeß. (ddz,1956,H.116, Sp.9345-9348)

Zum KPD-Verbotsprozeß. (Mtbl.VDJD,1956, H.1, S.24-25)

Kukuškin,K.V.(Kukuschkin,K.W.): Der Kampf der Kommunistischen Partei Chinas für eine einheitliche nationale Front (1935-1937). (Vopr.ist.,1956,H.2, S.53-68)

Laco,K.: Die Volksrepublik China und ihre Volksverfassung. (Pr.stúdie,1955,H.1, S.3-60)

Laco,K.: Die politische und konstitutionelle Entwicklung Chinas bis zur Proklamation der Chinesischen Volksrepublik.(Pr.stúdie, 1955, H.2, S.185-244)

Laco,K.: Die Proklamation der Chinesischen Volksrepublik, die erste Tagung der politischen beratenden Volksversammlung China's und ihre Akte. (Pr.stúdie,1955,H.3, S.355-426)

Lapizki,I.: Wahlkampagne in den Vereinigten Staaten.(N.Zeit,1956, H.13, S.11-14)

Matoušek,St.: Die Verfassung vom 9.Mai und die Verfassungsgesetze-die Grundlage unseres volksdemokratischen juristischen Überbaues. (Pr.stúdie,1955,H.4, S.580-606)

Melsheimer, E.: Unsere Staatsanwälte sind Hüter der sozialistischen Gesetzlichkeit.(Diskussionsbeitrag von der 3.Parteikonferenz der SED) (NJ,1956,H.8, S.225-227) 12

Potocný,M.: Der österreichische Staatsvertrag.(Pr.,1956,H.2, S.167-168) 2

Pritt,D.N.: Das neue Recht in China.(Mtbl.VDJD,1956,H.1, S.6-9) 12

Rost, R.: Über unsere örtlichen Volksvertretungen.(Dem.Aufb.,1956, H.6, S.121-124)

Streit,J.: Einige Hinweise zur Auswertung der 3.Parteikonferenz der SED. (NJ,1956,H.9, S.257-259) 12

Studenikin,S.S.: Das Wesen und die Bedeutung der Staatsdisziplin in der Sowjetgesellschaft.(Sov.gos.pravo,1956,H.2,S.15-26)

Winkler,H.: Wesen und Wirken der Nationalen Front des demokratischen Deutschland.(Nat.,1956,H.3, S.165-176)

Wollweber,E.: Neue Aufgaben der Organe der Staatssicherheit. (Diskussionsbeitrag von der 3.Parteikonferenz der SED)(NJ,1956, H.8, S.227-228)

Sjüe Mu-Tsjao: Die Erfolge der Volksrepublik China im sozialistischen Aufbau.(Mežd.zizn,1956,H.1, S.19-25)

Zamis,G.: Zur Lage in Spanien.(Einh.,1956,H.3, S.282-286)

7.Verwaltungsrecht

Aibner,P.: Eine Anleitung zur Staatsverwaltung.(Állam és Igazg., 1956,H.2, S.120-125) 6

Alexejew,N.S.: Die Aufsicht des Staatsanwalts in der UdSSR. (NJ,1956, H.10, S.298-301)

Ananov,I.N.(Ananow,I.N.): Die Arbeit der Organe der staatlichen Kontrolle auf dem Gebiet der Vervollkommnung des sowjetischen Staatsapparates muss verbessert werden.(Sov.gos.pravo, 1956,H.2, S.27-35)

Arnold,K.H.: Ein Enteignungsgesetz im Interesse der NATO-Strategie. (NJ,1956, H.7, S.214-215)

Baráth,J.: Die Sicherung der öffentlichen Reinlichkeit der Großstädte. (Állam és Igazg.,1956,H.2, S.107-113)

Berezovskaja,S.G.(Beresowskaja,S.G.): Die Rechtsformen der allgemeinen Aufsicht über die Einhaltung der Gesetze durch die Bürger. (Sov.gos.pravo, 1956,H.2, S.46-54)

Bierbach,U.: "Verwaltungsreform" - eine Irreführung des Volkes. (Dem.Aufb.,1956,H.5 (Beil.). S.9-10)

Bozoki,G.: Das Sekretariat der Exekutivkomitees und ihre Zusammenarbeit mit den Verwaltungsdienststellen.(Állam és Igazg.,1956, H.1, S.15-25)

Braude,I.L.: Neues aus der rechtlichen Regelung des Bauwesens. (Sov.gos.pravo,1956,H.2, S.108-115) 13

Déri,J.;J.Szöllösi.: Änderungen im Enteignungsverfahren.(Állam és Igazg.,1956,H.2, S.95-106)

Freund,E.: Zu einigen Fragen der Kollektivität in der Arbeit der örtlichen Räte. (Dem.Aufb.,1956, H.8, S.182-185)

Fuchs,H.: Die Überprüfung von Anordnungen und Beschlüssen durch den Staatsanwalt. (NJ,1956,H.7, S.198-200)

Gašpar,M.: Die Prinzipien der Leitung von volkseigenen Betrieben nach der neuen Regelung. (Pr.obz.,1956,H.1, S.15-22)

Hensel,H.: Die Gestaltung der landwirtschaftlichen Produktion ohne staatlichen Anbau- und Viehhalteplan.(Dt.Ldwi.,1956,H.4, S.163-165)

Hochbaum,H.-U.: Der staatliche Verwaltungsakt im Recht der Erzeugung und der Ablieferung landwirtschaftlicher Produkte.(St R, 1956, H.3, S.338-355)

Horváth, J.: Die Tätigkeit der administrativen Komitees in der Sowjetunion. (Állam és Igazg.,1956,H.2, S.114-119)

Petrov,G.I.: Einige Fragen der Leitung des Exekutivkomitees der örtlichen Sowjets. (Állam és Igazg.,1956,H.1, S.43-51)

Rybicki,Z.: Über verschiedene Fragen der verwaltungsstrafrechtlichen Rechtsprechung. (N.P.,1956,H.3, S.85-89) 10

Toldi,F.: Die Regelung des Staatsverwaltungsverfahrens.(Állam és Igazg.,1956,H.1, S.26-35)

Volodarskij,L. (Wolodarski,L.): Staatliche Statistik und Volkswirtschaftsplanung. (Vopr.ekon.,1955,H.8, S.14-25; deutsch: Sov.Wiss., 1956,H.3, S.290-304)

8.Finanzrecht

Bahl,W.: Die Mitwirkung der Werktätigen bei der Lösung der Finanzfragen nicht aus den Augen verlieren. (DFW,1956,H.8, S.322-324)

Borgmeier,A.: Die Entwicklung der Preispolitik in Westdeutschland von 1945-1955. (WZ Halle,1955/56,H.3, S.273-282)

Borgmeier,A.: Zu einigen Fragen der Preispolitik der Montan-Union. (WZ Halle,1955/56, H.3, S.283-288)

Engel,K.: Bericht des Haushalts- und Finanzausschusses an die Volkskammer (Auszug).(DFW,1956,H.5, S.186-190)

Die Lage der Finanzrechtswissenschaft in der Sowjetunion.(Állam és Igazg.,1956,H.1, S.56-60)

Joswig,H.: Die Bank deutscher Länder im Dienste der Monopole. (DFW,1956,H.4, S.166-167; H.6, S.258-260; H.7, S.307)

Lemmnitz,A.: Das Geld in der Deutschen Demokratischen Republik. (DFW,1956,H.7, S.308-309; H.8, S.360-361)

Liebau,W.: Der wissenschaftliche Charakter der Finanzpolitik der Deutschen Demokratischen Republik.(WZ Halle, 1955/56,H.4, S.527-540)

Niedzwiedzki,J.: Es ist notwendig geworden, die Rechte der Direktoren von Industriebetrieben zu erweitern.(Nowe Drogi,1956,H.3, S.101-119)

Opitz,G.: Die Buchführungs-Verordnung ist Grundlage für die Arbeit unserer Hauptbuchhalter. (DFW,1956,H.6, S.233-236)

Rumpf,W.: Neuen Erfolgen entgegen. Volkswirtschaft und Staatshaushalt dienen dem Frieden. (DFW,1956,H.5, S.177-186)

Sandig,H.: Zehn Jahre Sozialistische Einheitspartei Deutschlands und die Finanzpolitik in der Deutschen Demokratischen Republik. (DFW,1956,H.8, S.318-322)

Schulz,W.: Zu einigen grundsätzlichen Fragen der differenzierten Produktionsabgabe in der DDR. (DFW,1956,H.6, S.229-233)

Seydewitz,M.: Der Staatshaushaltsplan 1956 entspricht den Interessen des Volkes. (DFW,1956,H.5, S.190-192)

Tittel,G.: Die Grundzüge der Übergangsperiode vom Kapitalismus zum Sozialismus in der DDR und die Rolle der Finanz- und Kreditorgane. (Schluss) (DFW,1956,H.6, S.260-261)

Zander,N.: Das Wesen des Staatshaushaltes der Deutschen Demokratischen Republik und seine Rolle in der Entwicklung der Volkswirtschaft und der Kultur während des ersten Fünfjahrplans.(T.1.2.) (DFW,1956,H.7, S.270-272; H.8, S.328-331)

9.Kolchosrecht,Bodenrecht,Landwirtschaftliche Produktionsgenossenschaften

Die Tagung über Fragen der Kodifizierung der Bodengesetzgebung der UdSSR.(12.-14.Dez.1955) (Sov.gos.pravo,1956, H.2, S.125-129)

Cmunt,O.: Der Zahlungsaufschub und die Verzinsung einiger Geldverbindlichkeiten von Mitgliedern der Landwirtschaftlichen Einheitsgenossenschaften (LEG). (Soc.zák.,1956, H.1, S.4-10)

Dembo,L.I.: I.V.Pawlow, Die Rechtsformen der Leitung in den Kollektivwirtschaften. Moskau 1955 (Rez.). (Sov.gos.pravo,1956, H.2, S.140-144)

Kokavec,D.: S.V.Fabry, Die Musterstatuten, die Rechtsgrundlage der landwirtschaftlichen Einheitsgenossenschaften".Bratislava 1955. (Rez.). (Pr.obz.,1956,H.1, S.55-57)

Abgrenzung und Gliederung der Vorlesung über das Recht der Landwirtschaftlichen Produktionsgenossenschaften. Bericht über eine am 24.Juni 1955 durchgeführte Institutssitzung.(WZ DA,1955/56, H.1, S.57-64)

Liskovec,B.A.(Liskowez,B.A.): Die rechtliche Regelung des kollektivwirtschaftlichen Handels. (Sov.gos.pravo, 1956,H.2, S.78-88) 13

Beschlüsse und Arbeiten der Deutschen Akademie der Landwirtschaftswissenschaften zur Realisierung der Empfehlungen der IV. LPG-Konferenz. (Dt.Ldwi.,1956,H.4, S.158-163)

Der Perspektivplan der LPG "Frohe Zukunft" bestimmt die Entwicklung der Gemeinde Nemsdorf.(Dem.Aufb.,1956,H.7, S.165-166)

Ludwig,W.: Einige Fragen der Kreditkontrolle gegenüber den LPG. (DFW,1956,H.8, S.345-346) 8

Plank,K.: L.Košta, Die rechtliche Regelung der staatlichen Leitung der landwirtschaftlichen Einheitsgenossenschaften Bratislava 1955. (Rez.) (Pr.obz.,1956, H.2, S.120-123)

Provazník,V.: Die Zerstückelung des Bodens und ihre Verhinderung. (Soudce z lidu, 1956,H.2, S.17-21)

Rolenc,V.: Die Musterstatuten, das Grundgesetz des genossenschaftlichen Lebens. (Soudce z lidu,1955,H.12, S.183-184)

Seres,E.: Erfahrungen über die Arbeit der Bezirkssowjets, bezüglich der staatlichen Leitung der Kolchosen. (Állam és Igazg.,1956, H.2, S.83-94)

Stelmachowski,A.: Findet der Art.285 des Schuldverpflichtungsgesetzes Anwendung bei Verpflichtungen aus Verträgen zwischen den MTS und den LPG's? (N.P.,1956,H.3, S.98-100)

Suchánek: V.Fabry, Die Musterstatuten - die Rechtsgrundlage der Landwirtschaftlichen Einheitsgenossenschaften. (Rez.) Pr.,1956, H.1, S.95-96)

Vieweg,K.: Zu Fragen des landwirtschaftlichen Bauwesens.(Dt.Ldwi., 1956, März. Sondernummer, S.1-7)

10.Strafrecht,Strafprozeß

Benjamin,H.: Zu einem Entwurf zur Ergänzung des Strafgesetzbuches. (NJ,1956,H.11, S.321-324)

Brandt,G.: Fragen der Anleitung im Ermittlungsverfahren.(NJ,1956, H.8, S.236-240)

Brunnemann,E.: Der Urkundencharakter des Wettscheins beim Zahlenlotto. (NJ, 1956,H.10, S.312-313)

Daszkiewicz,W.: Die Stellung des Anklägers im künftigen Strafprozeß. (N.P.,1956,H.3, S.35-49)

Durmanov,N.D.(Durmanow,N.D.): Der Begriff der Körperverletzung nach sowjetischem Strafrecht. (Sov.gos.pravo,1956,H.1, S.83-90; deutsch: RID,1956,H.11, Sp.318-325)

Eliáš,J.: Die Aufhebung der Entscheidung bei der Bewilligung der Wiederaufnahme des Verfahrens. (Soc.zák.,1956,H.1, S.41-44)

Filipovský,J.: Die Fortsetzung des Verbrechens und die Wiederholung des Verbrechens. (Soc.zák.,1956,H.2, S.84-89)

Foustka: L.Bianchi, Die gerichtliche Verfolgung der Arbeiterbewegung in der Slowakei auf Grund des Gesetzes zum Schutze der Republik. (Rez.) (Pr.,1956,H.1, S.91-95)

Fritzsche,H.: Das Fälschen von Wettscheinen des VEB Sport-Toto zum Zwecke des Betrugs als Angriff auf das Volkseigentum. (NJ,1956,H.10, S.311-312)

Aussprache von Richtern und Staatsanwälten über Fragen der sozialistischen Gesetzlichkeit im Strafverfahren. Bericht über die Konferenz der Richter und Staatsanwälte vom 10.Mai 1956.(NJ,1956,H.11, S.324-329)

Hatala,V.: Über den Sinn des Anklageprinzips.(Pr.obz.,1956,H.2, S.110-111)

Helm,R.: Nazistische Blutrichter im Dienste Bonns.(Mtbl.VDJD,1956, H.1, S.26-29)

Hennig,W.: Zur Definition der Schuld.(NJ,1956,H.6, S.178-179)

Heuer,U.-J.: J.P.Marat, Plan einer Criminalgesetzgebung.Berlin 1955.(Rez.). (NJ,1956, H.6, S.192a)

Jahn,G.: Nochmals zu einigen Fragen des Privatklageverfahrens. (NJ,1956,H.6, S.184-185)

Iserles,I.: Über den Schematismus bei der Urteilsfällung.(N.P., 1956,H.3, S.74-79)

Jugendkriminalität in Westdeutschland.(Weltb.,1956,H.4,S.112-113)

Kiričenko, V.F.(Kiritschenko,W.F.): Über das Subjekt von Amtsverbrechen. (Sov.gos.pravo, 1956, H.2, S.89-98)

Kirmse,G.: Kann das Strafgericht über Ansprüche aus einem Arbeitsrechtsverhältnis im Rahmen des zivilrechtlichen Anschlußverfahrens entscheiden? (NJ.1956,H.6, S.175-176) 17

Klitzsch,H.: Aufgaben der Ständigen Kommission für Volkspolizei und Justiz bei der Bekämpfung der Jugendkriminalität.(NJ,1956, H.11, S.340-341) 7

Kubec,Z.: Die sofortige Begründung von Strafurteilen.(N.P.,1956, H.3, S.105-109)

Kühlig,G.: R.Herrmann, Die Schöffen in den Strafgerichten des kapitalistischen Deutschlands.(Bericht über eine Thesenverteidigung) (NJ,1956,H.8, S.249-250)

Lekschas,J.: Gegen Formalismus und Schematismus bei der Behandlung des Subjekts des Verbrechens im Strafverfahren.(NJ,1956, H.6, S.167-170)

Lekschas,J.: Allgemeine Probleme und Methodik einer Neu-Kodifizierung des Strafrechts.(St R,1956,H.3, S.356-377)

Mančal,J.: Zur Auslegung des § 39 Abs.2 StPO (betr.Ausschließung des Staatsanwalts und des Richters).(Soc.zák.,1956,H.2, S.89-91)

Matzdorf,A.: Drei "kleine Fehler" und ihre Folgen. (Verspäteter Eingangsvermerk; Nichteintragung eingezahlten Kostenvorschusses) (NJ,1956,H.10, S.314-315)

Meinel,J.;F.Grimm: Die strafrechtliche Verantwortlichkeit der Haus-und Strassenvertrauensleute. (NJ,1956, H.10, S.301-303)

Melsheimer,E.: Sozialistische Gesetzlichkeit im Strafverfahren. Aus dem Referat des Generalstaatsanwalts der DDR auf der Konferenz der Richter und Staatsanwälte vom 10.Mai 1956. (NJ,1956,H.10, S.289-296)

Mišunin,P.G.(Mischunin,P.G.): Die Verantwortlichkeit für vorsätzliche schwere Körperverletzungen nach der sowjetischen Strafgesetzgebung. (Sov.gos.pravo,1956,H.1, S.91-97; deutsch: RID,1956, H.11, Sp.326-332)

Mühlberger,F.: Verhaftung und vorläufige Festnahme. (NJ,1956,H.6, S.183-184)

Nezbeda,A.;G.Přenosil: Bemerkungen zu einigen Fragen der Entwendung von Volkseigentum und Eigentum der Volksgenossenschaften. (Soc.zák.,1956,H.2, S.91-97)

Noack,J.: Methoden der Bonner Strafjustiz bei der Verfolgung von Friedenskämpfern.(Zu einer Denkschrift westdeutscher Rechtsanwälte).(NJ,1956,H.10, S.309-311) 6

Panzer,R.: Die westdeutsche Strafrechtslehre und- praxis über die Verantwortlichkeit für Handeln auf Befehl. Bemerkungen zum § 11 des Soldatengesetzes. (NJ,1956,H.8, S.244-248)

Passon,G.: Mehr Sorgfalt bei der Erteilung von Weisungen im Jugendstrafverfahren! (NJ,1956, H.11, S.341-342)

Pavel,D.: Die Änderungen im Strafgesetzbuch der RVR durch das Dekret Nr. 227/1955. (J.N.,1955,H.6, S.824-853)

Pawela,St.: Der bedingte Strafaufschub und der Art.58 des Strafgesetzbuches. (N.P.,1956,H.3, S.109-110)

Penner,L.: Über die Abänderung der Bestimmungen der Strafprozeßordnung. (N.P.,1956,H.2, S.40-51)

Pintér,J.: Der strafrechtliche Schutz der Produktionsgenossenschaften. (Állam és Igazg.,1956,H.1, S.36-42)

Poláček,F.: Die objektive Seite des Tatbestandes der strafbaren Handlung. (Pr.stúdie,1955,H.1, S.158-181)

Poláček,F.K.: Zur Frage des sogenannten untauglichen Versuchs. (Pr.obz.,1956,H.1, S.53-54)

Přenosil,G.: Der Schutz des sozialistischen Eigentums gegen Beschädigungen und andere Angriffe. (Soudce z lidu,1955,H.12, S.175-179)

Puls,A.;K.Albrecht: Über die Arbeit mit der polizeilichen Strafverfügung. (Vpol.,1956,H.5, S.11-13)

Reinwarth,H.: Die Beschränkung des Rechtsmittels im Strafprozeß. (NJ,1956,H.11, S.331-333)

Renneberg,J.: Aktuelle Probleme des Strafrechts in der Volksrepublik Polen. Ein Rückblick auf den 4.Kongreß der Vereinigung Polnischer Juristen.(St R,1956,H.3, S.395-403)

Römer,A.;G.Schwarz: Zum Begriff der Gruppe nach § 2 Abs. 2 b VESchG. Bemerkungen zu dem Artikel von Orschekowski in Staat und Recht,1955,Heft 4. (St R,1956,H.3, S.378-389)

Schubert,L.: Zur Frage des Begriffes "Tatbestand des Verbrechens". (Pr.obz.,1956, H.1, S.31-42)

Sehn,J.: Der Sachverständigenbeweis im gerichtlichen Verfahren. (N.P.,1956,H.3, S.22-34)

Sergeeva,T.L. (Sergejewa,T.L.): Die Verantwortlichkeit für verbrecherische Mißwirtschaft. (Sov.gos.pravo,1955,H.7, S.80-91;deutsch: RID, 1956,H.11, Sp.305-318)

Sinnreich,H.: Aufgaben des Staatsanwalts im Kampf gegen die Republikflucht. (NJ,1956, H.10, S.313-314)

Stoenescu,I.: Die gerichtliche Kontrolle der Berufung wegen der Beweiswürdigung. (J.N.,1955, H.6, S.787-800)

Aufhebung der Richtlinien über die bedingte Strafaussetzung. Beschluß des Plenums des Obersten Gerichts vom 30.April 1956. (NJ,1956, H.9, S.263)

Streit,J.: Über die Abgrenzung von Kritik und Beleidigung,(NJ,1956, H.6, S.176-177)

Tibitanzl,K.: Einige Fragen der Schuld und der Kausalität in der Rechtsprechung der tschechoslowakischen Gerichte. (Pr.,1956,H.2, S.125-139)

Tibitanzl,K.: L.Schubert, Die Gesellschaftsgefährlichkeit der Handlung als Grundbedingungen des Verbrechens, (Rez.) (Pr.,1956,H.1, S.77-86)

Tolar,J.: Zur Frage des Verbots der reformatio in peius im Verfahren bei Nichtigkeitsbeschwerden zur Wahrung des Gesetzes.(Soc.zák., 1956,H.1, S.22-28)

Troch,J.: Bemerkungen zum Objekt der Hehlerei.(NJ,1956,H.10, S.303-305)

Turski,J.: Zur Frage der Urteilsvollstreckung durch die ordentlichen Gerichte. (N.P.,1956, H.2, S.87-92)

Ullmann,G.: Der Vergleich im Privatklageverfahren.(NJ,1956,H.11, S.342)

Vybíral,B.: Zur Frage der Unterscheidung zwischen Mittäterschaft und Beihilfe im tschechoslowakischen Strafrecht.(Pr.,1956,H.1, S.20-34)

Vybíral,B.: Zur Definition des Begriffes öffentlicher Funktionär (§ 75 Abs. 10 StGB). (Soc.zák.,1956,H.2, S.77-84)

Vyšinskaja,Z.A.(Wischinskaja,S.A.): M.Schargorodskij, Fragen des Allgemeinen Teils des Strafrechts. 1955.(Rez.) (Sov.gos.pravo, 1956,H.2, S.135-140)

Wolter,W.: Zur Frage der Gesellschaftsgefährlichkeit und der Rechtswidrigkeit. (N.P.,1956,H.2, S.73-77)

11.Kriminalistik,gerichtliche Medizin

Anton,A.: Unter welchen Voraussetzungen ist die psychiatrische Untersuchung eines Täters erforderlich? (NJ,1956,H.8, S.240-243) 10

Procházka, M.: Hochschullehrbuch der Gerichtsmedizin. Brně 1954. (Rez.).(Pr.obz.,1956,H.2, S.118-120)

Weiß,W.: Einige Bemerkungen zum Verfahren bei gerichtlich-medizinischen Sicherungsmaßnahmen. (NJ,1956,H.10, S.305-307) 10

12.Gerichtsverfassung (einschließlich Notariat und Anwaltschaft)

Berg,W.: Zur Anwendung der Gerichtskritik.(NJ,1956, H.10, S.307-308) 10

Görner,K.: H.Ranke, Der Schutz der Rechte der Bürger in der Gerichtsverfassung und im Strafprozess der Deutschen Demokratischen Republik,Berlin 1955.(Rez.) (NJ,1956,H.10, S.320a) 10

Görner,K.: Weiter voran auf dem Wege zum Volksgericht.(Schöffe, 1956,H.3, S.71-77)

Dokument des Kollegiums des Ministeriums der Justiz zur Auswertung der 3.Parteikonferenz der SED für die Arbeit der Justizorgane. (NJ,1956,H.9, S.261-263) 6,10

Schlußfolgerungen aus der 3.Parteikonferenz der SED für die Arbeit der Justizorgane. Bericht über eine Arbeitstagung im Ministerium der Justiz. (NJ,1956,H.9, S.259-261) 6,10

Leim,E.: Rechtsanwalt und Kassationsverfahren.(NJ,1956,H.7, S. 200-202)

Rose,H.: Über den Rahmenarbeitsplan der Obersten Staatsanwaltschaft.(NJ,1956,H.11, S.329-331)

Die Schöffen in den Strafgerichten des kapitalistischen Deutschland. Verteidigung einer Doktordissertation an der Universität Halle. (Schöffe,1956,H.4, S.126)

Srzentić,N.: Der Aufbau des Gerichtswesens in Jugoslawien. (RID,1956,H.10, Sp.290-304)

Strodt,B.: Zu einem Urteil des Ehrengerichts der Rechtsanwaltskammer Berlin.(NJ,1956,H.7, S.213)

13.Vertragssystem,Arbitrage

Capek,K.: Der Ausschluß von Ansprüchen aus Verbindlichkeiten zwischen Organisationen des sozialistischen Sektors.(Pr.obz.,1956, H.2, S.83-92)

Dvonč,F.: Der Arbitrage-Zahlungsbefehl. (Pr.obz.,1955,H.9,S.543-547; deutsch: RID,1956,H.8/9, Sp.272-276)

Dvonč,F.: Die Novellen zu der Regierungsverordnung Nr. 47/1953 über die staatliche Arbitrage. (Pr.obz.,1955,H.3, S.154-163; deutsch: RID,1956,H.8/9, Sp.256-271)

Dvonč,F.; J.Slezak: Die Zuständigkeit der Arbitrage.(T.1.)(Pr.obz., 1956,H.2, S.93-101)

Freytag,G.: Die Grundsätze der materiellen Verantwortlichkeit im Entwurf der neuen Vertragsverordnung.(NJ,1956,H.7,S.204-208)

Geyer,H.: Die Änderung und Aufhebung von Verträgen und die Behandlung nichterfüllter Verträge am Ende des Planabschnittes. Zum Entwurf der neuen Vertragsverordnung.(NJ,1956,H.9, S.268-271)

Jefimočkin,V.P.(Efimotschkin,V.P.): Neues in den Allgemeinen Lieferbedingungen. (Sov.gos.pravo,1956,H.1, S.119 ff.;deutsch: RID,1956, H.8/9, Sp.247-256)

Joffe,O.S.: Der Vertrag im sozialistischen Recht.(Voprosy sovetskogo gosudarstva i prava,1955,S.66.ff; deutsch: RID,1956,H.8/9, Sp.215-221)

Kaiser,K.: Einige Grundsätze des künftigen Verfahrens vor dem Staatlichen Vertragsgericht.(NJ,1956, H.11, S.337-340)

Kelm, G.: Die weitere Entwicklung des Vertragssystems im Handel. (Hdl.,1956,H.5, S.8-10)

Knapp,V.: Zu einigen Fragen der neuen rechtlichen Regelung der Wirtschaftsverträge in Ungarn und in der ČSR. (Pr.,1956,H.2, S. 112-125)

Kosík,V.: Einige Bemerkungen zu den neuen Vorschriften über die Wirtschaftsverträge. (Pr.,1956,H.2, S.174-175)

Kosík,V.: Die Allgemeinen Lieferbedingungen - die reale Grundlage für den Abschluß von Wirtschaftsverträgen.(Pr.,1956,H.1,S.48-59)

Seidel,J.: Einige Fragen der Schriftform der Verträge nach dem Entwurf der neuen Vertragsverordnung.(NJ,1956, H.6, S.179-183)

Slezák,J.: Der Rechtscharakter der Wirtschaftsverträge.(Pr.stúdie, 1955, H.2, S.298-354)

Slezák,F.: Studie zum Problem des Rechtscharakters der Wirtschaftsverträge. (Pr.stúdie,1955,H.1, S.61-100)

Spišiak, J.: Die Ein-Jahresfrist zur Vollstreckung von Entscheidungen der Arbitrageorgane und der Gerichte.(Pr.obz.,1956,H.1, S.23-31)

Spišiak,J.: Die neue rechtliche Regelung der Wirtschaftsverträge. (Pr.obz.,1955,H.8, S.456-468;deutsch: RID,1956,H.8/9,Sp.221-235)

Spišiak,J.: Schadenersatz im Bereich der Wirtschaftsverträge. (Pr.stúdie,1955,H.1, S.101-157)

Spišiak,J.: Die Vertragsbeziehungen im Verkehr.(Pr.,1956,H.2, S.169-174)

Stöckigt,H.: Das Vertragssystem im Handel konsequent anwenden. (DFW, 1956,H.5, S.207-208)

Such,H.: Zur Frage des Begriffes und der Systematisierung des Liefervertrages (der Wirtschaftsverträge).(St R,1956,H.3, S.322-337)

Virsík,A.: Bemerkungen zur Überprüfung der Allgemeinen Lieferbedingungen (Allgemeinen Abnahmebedingungen) im Hinblick auf die Marktfonds des genossenschaftlichen Handels.(Pr.obz.,1955,H.9, S.532-543; deutsch: RID,1956,H.8/9, Sp.235-247)

14.Zivilrecht,Zivilprozeß

Capek,K.: Zur Neuregelung der Rechtssubjektivität von Wirtschaftsorganisationen.(Soc.zák.,1956, H.2, S.97-110) 7

Čimo,A.: Eine Bemerkung zu den Einwendungen gegen die Zwangsvollstreckung.(Soc.zák.,1956,H.2, S.116-118)

Droggan,G.: Der Schutzumfang und die Umwandlung von Patenten. (EuV,1956,H.1, S.13-15)

Droggan,G.: Das Urheberrecht an der Erfindung und das Recht auf das Patent im besonderen. Erläuterungen zu § 5 des Patentgesetzes. (EuV,1956,H.8, S.183-187)

Eggers-Lorenz,O.; K.Hintze: Ist die sachliche Zuständigkeit des Arbeitsgerichts auch noch in 2.Instanz vor dem Zivilgericht von Amts wegen zu beachten? (NJ,1956,H.11, S.343-345) 12

Zum Verfahren in Ehesachen. (Fragen und Antworten) (NJ,1956,H.9, S.279-281) 15

Eörsi,G.: Über den vorbereiteten Entwurf des Zivilgesetzbuches der Volksrepublik Ungarn. (Pr.obz.,1956,H.2, S.67-83)

Fabrik- und Handelsmarken in Belgien.(EuV,1956,H.7, S.158-159)

Bemerkungen zur Neuregelung der Beitreibung von Forderungen zur Deckung der persönlichen Bedürfnisse minderjähriger Kinder. (Pr.,1956,H.1, S.68-70) 15

Grandke,A.: Zulässigkeit der Anordnung von Abwesenheitspflegschaften für Kriegsverschollene.(NJ,1956,H.11, S.342-343)

Harrland,H.;K.Cohn.;H.Nathan: Zur Vollziehung einstweiliger Verfügungen. (NJ,1956,H.7, S.210-212)

Hauschild,H.: Der Schutz volkseigener Forderungen im Konkurs. (NJ,1956,H.7, S.208-210)

Heinrich,W.: Nochmals zur Frage der Kostenentscheidung im Güteverfahren. (NJ,1956,H.11, S.335-337)

Jansen,F.: Das Zivilrecht der Deutschen Demokratischen Republik, Allgemeiner Teil. Berlin 1955. (Rez.). (Zs.Jug.Heimerz.,1956,H.3, S.109-110)

Ioffe,O.S.: Der zivilrechtliche Schutz der Interessen der Person in der UdSSR. (Sov.gos.pravo,1956,H.2, S.55-66)

Iserles,I.: Über den Schematismus bei der Urteilsfällung.(N.P., 1956,H.3, S.74-79)

Kellner,H.: Verurteilung und Pfändung wegen künftig fällig werdender Mietzinsforderungen. (NJ,1956,H.11,S.333-335)

Kizlinková,V.: Einige strittige Fragen der Verjährung.(Soc.zák., 1956,H.1, S.10-22; H.2, S.69-76)

Knapp,V.: Das Zivilrecht der Deutschen Demokratischen Republik, Allgemeiner Teil. Berlin 1955. (Rez.) (Pr.,1956,H.2, S.175-178)

Krauss,E.: Die Ausplünderung der Werktätigen Westdeutschlands mit Hilfe des Abzahlungsgeschäfts.(NJ,1956,H.9, S.271-275)

Krauss,E.: Zu einigen Fragen der Schuldverhältnisse aus unerlaubter Handlung.(WZ DA,1955,/56,H.1, S.1-7)

Langsch,R.: Diskussionsbeitrag zum Art.von K.Schuster, Erkenntnisse aus dem Zwangsvollstreckungsverfahren (Soc.zák,6/55),zur Frage des Aufschubs der Zwangsvollstreckung in das Gehalt und zur Bewilligung von Teilzahlungen im Zwangsvollstreckungsverfahren. (Soc.zák.,1956,H.2, S.114-116)

Laptev,V.V.(Laptew,W.W.): Ein interessantes Buch über das Zivilrecht der DDR. Das Zivilrecht der Deutschen Demokratischen Republik,Allgemeiner Teil. Berlin 1955.(Rez.) (Sov.gos.pravo,1956,H.2, S.151-155)

Lasse, W.: Die Geltendmachung des Nacherbrechts bei bereits erhaltenem Pflichtteil. (NJ,1956,H.9, S.277-278)

Lewaszkiewicz,B.: Der Umfang der Fahrlässigkeit als Grundlage der zivilrechtlichen Haftung.(N.P.,1956,H.3, S.60-69)

Liehr,H.-G.: Zur Frage der Prozeßvertretung durch Angestellte der Deutschen Versicherungs-Anstalt.(NJ,1956,H.9, S.278-279)

Lipiński,K.: Nachtrag zur Zivilprozeßordnung.(N.P.,1956,H.3,S.90-94)

Luby,Št.: Die Änderung und Beendigung von Verträgen insbesondere durch die Erfüllung (hinsichtlich des Gegenstandes und des Inhalts der Verpflichtungen).(Pr.stúdie,1955,H.3, S.427-489)

Luby,S.: V.Knapp, Die Erfüllung von Verbindlichkeiten und andere Arten ihres Erlöschens. Praha 1955.(Rez.)(Pr.obz.,1956,H.2, S.115-118)

Markenschutz in Frankreich. (EuV,1956,H.8, S.187-188)

Markowski,W.: Einige Fragen aus dem Gebiete der Erbteile.(N.P., 1956,H.3, S.101-104)

Neumann,M.: Für einheitliche Richtlinien zur Frage der Aufrechnung bei Ersatzansprüchen des Mieters! (NJ,1956,H.9, S.275-276)

Notecki,H.: S.Breyer, Über Erbschaften und Erbungen.Warschau 1955. (Rez.) (N.P.,1956,H.3, S.114-115)

Pinner,H.: Das Rechtsschutzbedürfnis bei Räumungsklagen gegen einen gutwilligen, zur Räumung bereiten Mieter.(NJ,1956,H.9, S.276-277)

Püschel,H.: Die Behandlung des Volkseigentums im Mahnverfahren. (NJ,1956,H.7, S.215-216)

Püschel,H.: Die vermittelnde Tätigkeit des Sekretärs bei der Bewilligung von Ratenzahlungen im Mahnverfahren.(NJ,1956,H.11, S.345)

Rüffle,M.: Zum neuen Gebrauchsmusterrecht.(EuV,1956,H.5, S.97-99)

Sadikov,O.N.;D.T.Bogomolov (Sadikow,O.N.;D.T.Bogomolow.): Rechtliche Fragen des Außenhandels der UdSSR mit den europäischen Ländern der Volksdemokratie.Moskau 1955.(Rez.).(Sov.gos.pravo,1956,H.2, S.144-147)

Schakat,H.: Das Gebrauchsmustergesetz der Deutschen Demokratischen Republik.(EuV,1956,H.7, S.159-161)

Sehn,J.: Der Sachverständigenbeweis im gerichtlichen Verfahren. (N.P.,1956,H.3, S.22-34)

Zur staatlichen Beteiligung an privatkapitalistischen Betrieben. (DFW,1956,H.5, S.193-194) 8

Steiner,V.: Einige Worte zur Diskussion über die Wiederaufnahme des Verfahrens nach der ZPO. (Soc.zák.,1956,H.2, S.110-114)

Svoboda,Č.: Die Transmission (Betr.Erbfolge). (Soc.zák.,1956,H.1, S.37-41)

Vasiliev,L.: Die Auslegung der Normen des Zivilrechts.(J.N.,1955, H.6, S.859-892)

Der Schutz des Warenzeichens in Jugoslawien.(EuV,1956,H.1, S.16)

15.Familienrecht

Gindorf,J.: Zu einigen Fragen des Verfahrens in Ehesachen.(NJ,1956, H.9, S.266-268)

Heimberg,G.: Einige Hinweise zur Verordnung über Eheschließung und Eheauflösung.(Zs.Jug.Heimerz.,1956,H.3, S.82-84)

Heinrich,W.: Die Rechtsprechung der Instanzgerichte zur Eheverordnung.(NJ,1956,H.9, S.264-266)

Hennig,W.: Über die Staatsangehörigkeit bei Adoptionen.(Zs.Jug. Heimerz.,1956,H.3, S.114-117) 6

Jansen,F.: Die Erfahrungen mit dem ungarischen Familiengesetzbuch und der Entwurf des Familiengesetzbuches der Deutschen Demokratischen Republik.(WZ DA,1955/56,H.1, S.47-56)

Lübchen, G.A.: Über das Familienrecht in der Deutschen Demokratischen Republik.(Schöffe,1956,H.3, S.79-85)

Ostmann: Grundzüge des Verfahrens in Ehesachen.(Schöffe,1956,H.4, S.110-116)

V.A.Tarchow, Ehe und Familie in der sozialistischen Gesellschaft und die Grundprinzipien des sowjetischen sozialistischen Familienrechts. Leipzig,Jena 1955.(Rez.). (NJ,1956,H.9, S.288a)

16.Internationales Privatrecht

Keine Eingänge

17.Arbeitsrecht

Abberufung oder Kündigung (Urteil des Obersten Gerichts vom 15.Dez. 1955) (A.u.S.,1956,H.5, S.154-155)

Afenda,S.: Der Urlaubsanspruch eines Angestellten, der den Arbeitsvertrag mit Wirkung zum nächsten Jahr gekündigt hat.(N.P.,1956, H.2, S.70-72)

Internationale Konferenz über die Verkürzung der Arbeitszeit. (WGBew.,1956,H.3, S.17-18)

Böhm, W.: Die Bekanntgabe der Schwerbeschädigten-Eigenschaft an den Betrieb.(A.u.S.,1956,H.6, S.184-185)

Clain,R.: Die Ausbeutung der Heimarbeiter.(WGBew.,1956,H.3, S.14-16)

Unentschuldigtes Fernbleiben von der Arbeitsstelle und fristlose Entlassung. Urteil des Obersten Gerichts mit einer Anm.von I.Göhring. (DFW,1956,H.8, S.248-249)

Feiler,G.: Zum Verfahren der Arbeitsgerichte bei Regreßansprüchen der Sozialversicherung.(A.u.S.,1956,H.7, S.217-218)

Entschließung der gesamtdeutschen Konferenz der Gewerkschaftsfunktionäre und Betriebsräte in Leipzig am 3.März 1956.(Gew.Ak.,1956, H.6, S.5-8)

Gincburg,L.J. (Ginzburg,L.J.): Einige Fragen des Rechts auf Urlaub der Arbeiter und Angestellten.(Sov.gos.pravo,1956,H.2, S.67-77)

Das Gruppen-Bonus-System bei Opel.(WGBew.,1956,H.3, S.18-20)

Hiller,G.: Die Antreiber-Lohnsysteme im Kapitalismus.(WZ DA,1955/56, H.1, S.8-24)

Hromada,J.K.: Zur Frage der Definition der Abgrenzung des Arbeitsrechts.(Pr.obz.,1956,H.1, S.48-52)

Hunger,H.: Neuregelung der Sozialpflichtversicherung der Bauern, Handwerker und der sonstigen selbständig Erwerbstätigen.(DFW,1956, H.8, S.325-326)

Kahn,S.: Die relative und absolute Verelendung der Arbeiterklasse in Westdeutschland. (Auszug aus Referat) (ddz,1956,H.114,Sp.918o-9189)

König,G.: Das "Mitbestimmungsrecht" der schwedischen Gewerkschaften und der Arbeiter in den Betrieben.(Gew.Akt.,1956,H.7, S.41-44)

Kormann,H.: Wie unsere Konfliktkommissionen ihre Arbeit verbessern. (A.u.S.,1956,H.5, S.153-154)

Kunz, F.: Die Arbeitsordnung - ein wichtiger Helfer bei der Erziehung der Werktätigen und zur Verbesserung der Arbeitsorganisation in den sozialistischen Betrieben.(A.u.S.,1956,H.7, S.213-215)

Kunz,F.: Die rechtliche Pflicht zur Wahrung der sozialistischen Arbeitsdisziplin.(Arb.,1956,H.4, S.238-244)

Leontěv,B.M.: Die für die Lieferung minderwertiger Erzeugnisse verantwortlichen Personen.(Pr.,1956,H.2, S.156-166) 10

Macher,F.: Schluß mit der Unterschätzung des Arbeitsrechtes! (DFW,1956,H.8, S.244-245)

Meier,K.: Die vollständige Übernahme der Sozialversicherung durch die Gewerkschaften.(Arb.,1956,H.4, S.259-266)

Noack,J.: Die Entlohnung bei vorübergehender Zuweisung einer anderen Tätigkeit.T.1.2. (A.u.S.,1956,H.7, S.215-216; H.8, S.25o)

Oláh,G.: Universitäts-Lehrbuch des Ungarischen Arbeitsrechts. (Állam és Igazg.,1956,H.1, S.52-55)

Paul,H.: W.Schulz,I.Noack, Das Urlaubsrecht. Berlin 1955.(Rez.). (A.u.S.,1956,H.8, S.246-248)

Pietrzykowski,J.: Neue Bestimmungen über die Auflösung von Arbeitsverträgen und die Sicherung der Kontinuierlichkeit der Arbeit. (N.P.,1956,H.3, S.94-98)

Rakow,H.: Über technisch begründete Arbeitsnormen.(Arb.,1956,H.3, S.165-174)

Schaum, G.: Über die Entwicklung des Arbeitsrecht in der Deutschen Demokratischen Republik.(A.u.S.,1956,H.5, S.15o-152)

Schulz,W.: In durch die Konfliktkommission nicht gelösten Streitfällen kann jeder der Beteiligten Klage beim Arbeitsgericht erheben.(A.u.S.,1956,H.6, S.182-184; H.8, S.245-246)

Štěpina,J.: Die Sozialrente.(Soc.zák.,1956,H.1, S.28-37)

Der Streik der Westinghouse-Arbeiter.(WGBew.,1956,H.3, S.38-40)

Swiecicki,M.: W.Jaśkiewicz, Das Arbeitsrechtsverhältnis in den polnischen Produktionsgenossenschaften. Warszawa 1955.(Rez.) (N.P.,1956,H.2, S.1o1-1o5)

Wasilkowski,Cz.: Neue Bestimmungen über die fristlose Auflösung von Arbeitsverträgen.(N.P.,1956,H.3, S.3-21)

Witz,K.: Grundfragen der materiellen Verantwortlichkeit der Arbeitnehmer für den Schaden, der dem Arbeitgeber verursacht wurde.(Pr., 1956,H.1, S.34-48)

18.Sonstiges

Bachrach,A.: Nach der Tagung der polnischen Juristen.(Mit Entschließungen und Beiträgen von der 4.Tagung der Vereinigung Polnischer Juristen)(N.P.,1956,H.2, S.3-39)

Büttner,H.: Die Rechtswissenschaft legt die Schwerpunkte ihrer Forschungsarbeit für die nächsten Jahre fest.(Zur bevorstehenden Gesamtkonferenz des Deutschen Instituts für Rechtswissenschaft) (NJ,1956,H.10,S.297)

Bystřina,I.: Zu Fragen der Verbesserung der Hochschulausbildung der juristischen Kader in der UdSSR und bei uns.(Pr.,1956,H.2, S.139-144)

Über den Plan der wissenschaftlichen Forschungsarbeiten des Allunionsinstituts für Rechtswissenschaft für das Jahr 1956.(Sov.gos. pravo,1956,H.2, S.129-131)

Görner,K.: Bemerkungen über die politische Massenarbeit der Gerichte. (NJ,1956,H.8, S.243-244)

10 Jahre Internationale Vereinigung Demokratischer Juristen(IVDJ). (Mtbl.VDJD,1956,H.1, S.1)

Ostmann,H.: Über die Arbeit der Vereinigung Polnischer Juristen. Bericht vom 4.Kongreß. (Mtbl.VDJD,1956,H.1, S.10-15)

Parma,M.: Was wird 1956 an juristischer Literatur erscheinen? (Soc.zák.,1956,H.1, S-62-64)

Beilage mit Beiträgen von der Rechtswissenschaftlichen Konferenz der Deutschen Akademie für Staats- und Rechtswissenschaft"Walter Ulbricht".(2.-4.März 1956) (Dem.Aufb.,1956,H.8, (Beil.),S.1-8)

Bericht über die Rechtswissenschaftliche Konferenz der Deutschen Akademie für Staats- und Rechtswissenschaft.(NJ,1956,H.6,S.162-167)

Rek,T.: Die Rechtsprechung im Dienste der werktätigen Massen. Referat auf der IV. Tagung der Vereinigung Polnischer Juristen. (N.P.,1956,H.2, S.29-39)

Seifert,H.: Förderung der Frauen - eine ständige Aufgabe in der Kaderarbeit.(NJ,1956,H.7, S.202-204)

B. BIBLIOGRAPHIE AUS ZEITSCHRIFTEN DER DEUTSCHEN BUNDESREPUBLIK

Diese Bibliographie enthält eine Auswahl einschlägiger Artikel aus folgenden Zeitschriften: 1)

AG	= Der Arbeitgeber, Düsseldorf	1956,H.5-6
ArbuR	= Arbeit und Recht, Köln	1956,H.2
ASP	= Arbeit und Sozialpolitik, Frankfurt	1956,H.2-3
AUSS.POL.	= Außenpolitik, Stuttgart	1956,H.3
B	= Der Betrieb, Düsseldorf	1956,H.5-11
BArbBl	= Bundesarbeitsblatt, Stuttgart,Köln	1956,H.3-6
BB	= Der Betriebs-Berater, Heidelberg	1956,H.4-9
DÖV	= Die Öffentliche Verwaltung,Stuttgart ...	1956,H.3-4
DRiZ	= Deutsche Richterzeitung, Köln	1956,H.2-3
DVBl	= Deutsches Verwaltungsblatt,Köln,Berlin .	1956,H.3-5
EA	= Europa-Archiv, Frankfurt	1956,H.3-8
FamRZ	= Ehe und Familie im privaten und öffentlichen Recht, Bielefeld	1956,H.3-4
FR	= Finanz-Rundschau (Deutsches Steuerblatt)	1956,H.4-6
GAStr	= Goltdammer's Archiv für Strafrecht,Hamburg	1956,H.3
Gew.Mon.H.	= Gewerkschaftliche Monatshefte, Köln	1956,H.3-4
GRUR	= Gewerblicher Rechtsschutz und Urheberrecht Weinheim	1956,H.2-3
HW	= Haus und Wohnung, Berlin	1956,H.1-6
Int.Arb.Mtlgn.	= Internationale Arbeitsmitteilungen, Mehlem	1956,H.3
JZ	= Juristenzeitung, Tübingen	1956,H.4-7
MDR	= Monatsschrift für Deutsches Recht, Hamburg	1956,H.3-4
NJW	= Neue Juristische Wochenschrift,München, Berlin	1956,H.6-15
Öff.D.	= Der Öffentliche Dienst, Düsseldorf	1956,H.1-2
	Politische Studien - Monatshefte der Hochschule für Politische Wissenschaften, München	1956,H.68-69
RdA	= Recht der Arbeit,München,Berlin	1956,H.2-3
RdJ	= Recht der Jugend, Berlin	1956,H.4-6
RdL	= Recht der Landwirtschaft, Hamburg	1956,H.2-3
RLA	= Rundschau für den Lastenausgleich	1956,H.4-6
SchlHA	= Schleswig-Holsteinische Anzeigen,Kiel ..	1956,H.2-4
SGb.	= Die Sozialgerichtsbarkeit,Wiesbaden	1956,H.2-3

Soz.Sicherh.	= Soziale Sicherheit-Zeitschrift für Sozialpolitik, Köln	1956,H.2-3
Universitas	= Universitas (Zeitschrift für Wissenschaft,Kunst und Literatur),Stuttgart	1956,H.3-4
UStR	= Umsatzsteuer Rundschau, Köln	1956,H.3-6
Wähler	= Der Wähler, Frankfurt	1955,H.12
	Wissen und Tat-Zeitschrift für Theorie und Praxis des wissenschaftlichen Sozialismus, Hamburg	1956,H.3
WRP	= Wettbewerb in Recht und Praxis,Frankfurt	1956,H.2-3
WuW	= Wirtschaft und Wettbewerb,Düsseldorf.	1956,H.2
Mbl.freiheitl.Wipol.	= Monatsblätter für freiheitliche Wirtschaftspolitik,Frankfurt,..	1956,H.2
Zbl.Jug.R.	= Zentralblatt für Jugendrecht und Jugendwohlfahrt,Köln,Berlin	1956,H.2
ZHK	= Zeitschrift für das Gesamte Handelsrecht und Konkursrecht, Stuttgart	1956,Bd 119,H.1
ZMR	= Zeitschrift für Miet- und Raumrecht, Düsseldorf	1956,H.3-4
ZSt	= Zeitschrift für die gesamte Staatswissenschaft, Tübingen	1956,Bd 112 H.1
ZV u.ZV	= Zeitungs-Verlag und Zeitschriften-Verlag,...............................	1955,H.2;22 1956,H.1-5

1) Die hier aufgeführten Hefte sind gemäß der Benutzungsordnung der Bibliothek des Deutschen Instituts für Rechtswissenschaft bedingt ausleihfähig.

1. Theorie und Geschichte des Staates und des Rechts [1)]

Baudissin, W.Graf von: Auslese und Erziehung.(Politische Studien, 1955,H.68, S.21-24) 3

Below,F.: Gegenwartstendenzen in der natürlichen Bevölkerungsbewegung europäischer Völker.(EA,1956,H.3, S.8577-8588)

Forster,W.Z.: Eisenhower und die Anwendung der Keynes'schen Theorie.(Wissen und Tat,1956,H.3, S.36-45)

Haussmann,W.: Bedeutung der richterlichen Unabhängigkeit und der Qualität der Richter für den Rechtsstaat.(DRiZ,1956,H.2, S.21-22) 7

Hensel,W.: Was ist Militarismus? (Politische Studien,1955,H.68, S.25-27) 3

Huber,E.R.: Der Streit um das Wirtschaftsverfassungsrecht.(T.1.) (DÖV,1956,H.4, S.97-102) 3

Müller,E.: Irrationalismus im Patentrecht. (GRUR,1956,H.3, S.101-103) 10

Rehbock:Studienwoche für Richter und Staatsanwälte über Naturrecht. (SchlHA,1956,H.3, S.65-67)

Reimann,M.: Das Einschwenken der rechten SPD-Führer auf die Militarisierungspolitik. (Wissen und Tat,1956, H.3, S.1-11) 3

Schack,H.: Christ und Wohlfahrtsstaat. (Gew.Mon.H.3,1956,S.169-173)

Senger,F.von; Etterlin: Offizier und Politik.(Politische Studien, 1955,H.68, S.16-20) 3

Stevenson,A.E.: Die politische Philosophie Woodrow Wilsons in heutiger Sicht. (EA,1956,H.3, S.8573-8576)

Sulzbach,W.: Demokratie und freie Marktwirtschaft. (ZSt.,1956, Bd 112,H.1, S.131-143)

Wascher,R.: Die SPD und der deutsche Militarismus.(Wissen und Tat, 1956,H.3, S.12-21) 3

Zieburg,G.: Unregierbare Demokratie? Das französische Parteiensystem nach den Wahlen. (AUSS.POL.,1956,H.3, S.148-159) 3

2. Völkerrecht und Außenpolitik

Kommuniqué der Konferenz der Staatsoberhäupter Aegyptens, Syriens und Saudi-Arabiens in Kairo vom 11.März 1956.(EA,1956,H.8, S.8775-8776)

[1)] Die nach der Fundstelle eines Artikels angegebenen Zahlen verweisen auf die Bedeutung dieses Artikels auch für andere Fachgebiete entsprechend der hier zugrunde gelegten Systematik.

Dokumente zur Frage der Sicherheit im Mittleren Osten. Aegyptisch-syrischer Verteidigungspakt vom 20.Okt.1955. (EA,1956,H.6/7,S.8711-8712)

Die Gründung des Aktionskomitees für die Vereinigten Staaten von Europa in Paris am 18.Jan.1956. (EA,1956,H.4, S.8627-8628)

Das Kommuniqué über die britisch-französischen Besprechungen in Chequers vom 10.bis zum 12.März 1956. (EA,1956,H.6/7,S.8718)

Kommuniqué vom 6.März 1956 über den Besuch des dänischen Ministerpräsidenten in der Sowjetunion. (EA,1956,H.9, S.8773-8775)

Erklärung der TASS zur deutschen Frage vom 1.März 1956. (EA,1956, H.8, S.8773) 3

Echterhölter: Die Europäische Menschenrechtskonvention in der juristischen Praxis. (JZ,1956,H.5/6, S.142-146) 3

Gemeinsame jugoslawisch-ägyptische Erklärung vom 6.Jan.1956 zum Abschluß des Besuches von Präsident Tito in Ägypten.(EA,1956,H.4, S.8625-8626)

Kern,E.: Deutsch-amerikanischer Freundschafts-,Handels- und Schiffahrtsvertrag. (BB,1956,H.8, S.257-258) 12

Kübel,J.: Zur Frage der Regelung der Reparationsschäden.(AG,1956, H.6, S.200-203) 4

Lévy,R.: Die Entwicklung in Indochina seit dem Genfer Abkommen vom Juli 1956. (EA,1956,H.4, S.8609-8618) 3

Sowjetische Erklärung vom 15.Febr.1956 zu den britisch-amerikanischen Maßnahmen im Mittleren Osten. (EA,1956,H.6/7,S.8713-8714)

Die Wiederherstellung der vollen Unabhängigkeit Oesterreichs durch den Staatsvertrag vom 15.Mai 1955.(Mit Text u.Erläuterungen) (EA,1956,H.8, S.8741-8772) 3

Schultes,K.: Neutralität,Kollektive Sicherheit und die Wiedervereinigung Deutschlands. (Gew.Mon.H.1956,H.4, S.204-210) 3

Kommuniqué der zweiten Tagung der SEATO in Karatschi vom 8.März 1956. (EA,1956,H.8, S.8776-8778)

Studnitz,H.G.von: Reform der Diplomatischen Privilegien. (AUSS.POL.,1956,H.3, S.170-177)

Toynbee,A.J.: Abrüstung nach Genf. Die Wahl zwischen dem größeren und kleineren Risiko.(AUSS.POL.,1956,H.3, S.159-170)

Wesemann,C.: Das neue Internationale Übereinkommen über den Eisenbahnfrachtverkehr (CIM). (BB,1956,H.5, S.161-163) 10

3.Staats- und Verwaltungsrecht

Arndt,A.: Warum und wozu Wiedergutmachung? (JZ,1956,H.7, S.211-213) 13

Arndt,H.: Der Entwurf einer Wehrdisziplinarordnung.(NJW,1956,H.9, S.329-330)

Baring: Abschied vom Besatzungsschädenrecht. (VDBl.,1956,H.3,S.75-80)

Blank,Th.: Ansprache anläßlich der Ernennung der ersten Freiwilligen Soldaten am 12.Nov.1955. (Politische Studien,1955,H.68, S.12-15)

Duppré: Landesbericht Rheinland-Pfalz. 1.Okt.1954-30.Juni 1955. (Teil 2) (DÖV,1956,H.3, S.82-85)

Fadler,J.: Zuwendungen an außerhalb der Verwaltung stehende Stellen und die Überwachung der Verwendung dieser Mittel (§ 64 a RHO). (Öff.D.,1956,H.2, S.31-32)

Granicky:Voraussetzungen und Verfahren bei Freiheitsentziehungen nach Art.1o4 GG in Schleswig-Holstein.(SchlHA,1956,H.3, S.70-74)

Gross,W.: Tagung der Vereinigung der deutschen Staatsrechtslehrer in Hamburg am 13.und 14.Okt.1955.(Finanzverfassung)(DVBl.,1956, H.3, S.83-84) 4

Gumpert,J.: Schutz des Einzelnen durch die Grundrechte im Wirtschaftsleben. Nachtbackverbot auch für Inhaber von Bäckereien und Konditoreien verfassungsmäßig? (BB,1956,H.5, S.154-156)

Harrer,F.: Reformen des Pflegekinderschutzes.(Teil 3- Schlußteil 5) (RdJ,1956, H.4, S.61-63; H.5, S.78-79; H.6, S.91-92)

Haueisen:Vom rechtmäßigen zum rechtswidrigen Verwaltungsakt. Unter besonderer Berücksichtigung sozialrechtlicher Tatbestände. (NJW,1956,H.6, S.2o1-2o5) 13

Henrichs,W.: Zur Frage der Rechtsverbindlichkeit des § 2o5 d RVO. (DVBl.,1956,H.4, S.121-122) 4,13

Janès,J.: Die französischen Wahlen.(Wähler,1955,H.12, S.557-569)

Jesch,D.: Zur Revisibilität unbestimmter Rechtsbegriffe.(DÖV,1956, H.3, S.77-80)

Indiens zweiter Fünfjahresplan. (AG,1956,H.5, S.169-171)

Jorrin,M.: Das amerikanische Regionalsystem.(EA,1956,H.6/7,S.8682-8689)

Kern,E.: Die Entwicklung des Bundesrechts im zweiten Halbjahr 1955. (DVBl.,1956,H.3, S.80-83; H.4, S.125-126)

Körtge,H.R.: Grundfragen der Verfassungsgerichtsbarkeit im niedersächsischen Gesetz über den Staatsgerichtshof vom 31.März 1955. (DVBl.,1956,H.4, S.1o9-114; H.5, S.15o-154)

Kopp,W.von: Die Ausstellung der Ausweise nach dem Bundesvertriebenengesetz in der Rechtsprechung.(NJW,1956,H.7, S.251-252)

Krüger,H.: Verfassungsrechtliche Einschränkung von Wahlrechtsänderungen? (NJW,1956,H.7, S.246-248)

Krüzner:Die Entwicklung des öffentlichen Rechts in Bayern im Jahre 1955. (DVBl.,1956,H.5, S.160-162)

Kümmel,W.: Beamten- und besoldungsrechtliche Behandlung der kommunalen Wahlbeamten.(Öff.D.,1956,H.1, S.4-8)

Lechner:Nochmals zur bindenden Wirkung verfassungsgerichtlicher Entscheidungen.(NJW,1956,H.12/13, S.441-445)

Leiber,R.: Das Polizeiverordnungsrecht der Gemeinden in Baden-Württemberg. (DÖV,1956, H.4, S.107-110)

Leibholz,G.: Die Wahl im demokratischen Parteienstaat.(Wähler,1955, H.12, S.548-553)

Leiss:Staatshaftung im Bereich des MRG 52. (NJW,1956, H.11, S.405-408) 2

Lesser: Rechtsprechung des Hessischen Staatsgerichtshofes.(JZ,1956, H.5/6, S.157-160)

Moser, K.: Die Bedeutung des Begriffs"Verwaltungsakt" im Entwurf eines Gesetzes zur Neuordnung der Finanzgerichtsbarkeit.(NJW,1956, H.15, S.533-535) 4

Muthesius,P.: Wir brauchen kein "Raumordnungs"-Gesetz.(Mbl.freiheitl.Wipol,1956,H.2, S.92-94)

Obermayer,K.: Die Untätigkeitsklage und das Recht auf Bescheid. (NJW,1956,H.10, S.361-364)

Pendle,G.: Die Aera Perón. Eine Phase der nationalen Entwicklung Argentiniens. (EA,1956,H.6/7, S.8673-8681)

Die Mitglieder des Personalgutachterausschusses.(Alphabeth.Namensverzeichnis mit biograph.Anm.) (Politische Studien,1955,H.68,S.35-42)

Probst,G.: Die Amtshilfe nach Bundesrecht.(DÖV,1956,H.3, S.80-81)

Dokumente zur Geschichte des amerikanischen Regionalsystems.Dokumente zur Entstehungsgeschichte (1811-1824).(EA,1956,H.6/7, S.8689-8704)

Renner,W.: Der Personalgutachterausschuß.(Politische Studien,1955, H.68, S.28-34)

Der Richter in der Demokratie.(DRiZ,1956,H.3, S.59)

Rieger,W.: Aussetzung der Vollziehung eines bereits vollzogenen Verwaltungsaktes.(NJW,1956,H.10, S.370-372)

Roemer,W.: Die neue Wehrverfassung.(JZ,1956,H.7, S.193-198)

Rösen,W.: Neuregelung der Unterhaltszuschüsse für die Beamten im Vorbereitungsdienst in Nordrhein-Westfalen.(Öff.D.,1956,H.2, S.23-26)

Rutkowsky,H.: Die Verwaltung der Bundeswasserstraßen.(Öff.D.,1956, H.1, S.10-12; H.2, S.28-30)

Schäfer,H.: Grundgesetz und Bundeswehr.(NJW,1956,H.15, S.529-533)

Scheuner,E.: Gegenwartsaufgaben der Jugendämter.(Zbl.Jug.R.,1956, H.2, S.33-36)

Scheuner,U.: Grundrechtsinterpretation und Wirtschaftsordnung. Zur Auslegung des Art.12 Grundgesetz. (DÖV,1956,H.3, S.65-70)

Scheuner,U.: Die Rechtslage der Saarbergwerke.(DVBl.,1956,H.5, S.145-150)

Schilling,R.: Die Rechtsprechung des Landesverwaltungsgerichts Köln zum Gesetz über die Verbreitung jugendgefährdender Schriften.(RdJ,1956,H.4, S.52-56) 5

Schmalzl, M.: Rechtsgrund und Inhalt der Straßenverkehrssicherungspflicht. (NJW,1956,H.6, S.205-209) 9

Schmidt,R.: Die Neuregelung der Landbeschaffung. Zum Entwurf eines Landbeschaffungsgesetzes.(DVBl.,1956,H.3, S.69-75)

Schmiester, W.: Versorgungsanspruch der verdrängten Angestellten und Arbeiter nach § 52 G 131. (Öff.D.,1956,H.2, S.26-28)

Sellmann: Zur Zuständigkeitsabgrenzung zwischen den allgemeinen Verwaltungsgerichten und den Sozialgerichten.(DVBl.,1956,H.4, S.118-121; H.5, S.154-157) 7

Spanner,H.: Grundsätze des österreichischen Wehrrechts.(DÖV,1956, H.3, S.73-76)

Sternberger,D.: Vom Sinn unseres Wählens.(Wähler, 1955,H.12,S.543-548) 3

Strickrodt,G.: Der politische Standort des Neugliederungsgutachtens. (DÖV,1956,H.3, S.70-73)

Thiele,W.: Hat der Beamte einen Anspruch auf Genehmigung einer Nebentätigkeit? (Öff.D.,1956,H.2, S.21-23)

Ule: Beschluß des Bundesverfassungsgerichts vom 30.Nov.1955 über den Vorlageweg zum Bundesverfassungsgericht. Mit Stellungnahme der Präsidenten der oberen Bundesgerichte.(DVBl.,1956,H.4, S.126-132)

Ullrich,H.: Die nachgehende Fürsorge bei strafentlassenen Jugendlichen. (RdJ,1956, H.5, S.75-77) 5

Beschluß des Bundesverfassungsgerichts vom 3.Nov.1955 über Völkerrecht als Bestandteil des Bundesrechts. (DVBl.,1956,H.4, S.132) 2

Wick,G.von: Die Verantwortung der Bundesminister.(DÖV,1956,H.4, S.113-115)

Winckelmann, J.: Die verfassungsrechtliche Unterscheidung von Legimität und Legalität. (ZSt.,1956, Bd.112 H.1, S.164-175)

4.Finanz-,Steuer-und Preisrecht

Altmann, C.H.: Vertragliche Preisprüfung bei marktgängigen Leistungen an die öffentliche Hand? (BB,1956,H.7, S.227-229)

Balling,H.A.: Zum Begriff der "wissenschaftlichen" Tätigkeit bei der Besteuerung außerordentlicher Einkünfte.(BB,1956,H.6, S.207)

Beuck,W.: Berechnung der Rücklage für Preissteigerung,"Abschreibung" usw.bei Qualitätsverlusten.(B,1956,H.7, S.142-143)

Bühler,O.: Was können wir für die Regelung der steuerlichen Abschreibungen von ausländischen Vorbildern lernen? (FR,1956,H.4, S.74-78)

Caumanns,E.: Umsatzsteuer bei Aufnahme von neuen Gesellschaftern aus Gründen der Familienzugehörigkeit oder langjähriger Mitarbeit. (B,1956,H.8, S.169-170)

Donner,O.: Die Weltbank und Deutschland.(ZSt.,1956, Bd.112 H.1, S.1-19) 2

Zur Neuordnung der Finanzgerichtsbarkeit. (DRiZ,1956,H.3, S.59-60) 7

Flume,W.: Die berichtigende Fortschreibung als Ausnahmeregelung. (B,1956,H.9, S.192)

Garbe:Die Fehlerberichtigung bei der Hypothekengewinnabgabe. (RLA,1956,H.6, S.81-85)

Gatz,W.: Der Finanzminister soll keine Konjunkturpolitik betreiben. (Mbl.freiheitl.Wipol.,1956, H.2, S.80-83)

Glöggler,H.: Härteausgleich nach § 70 EStDV 1955.(B,1956,H.6, S.120)

Goldstein,G,: Die Preisbildung bei Bauland unter besonderer Berücksichtigung des Erbbaurechts.(DVBl.,1956,H.4, S.114-118) 9

Gübbels,B.: Aktuelle Gedanken über Werbungskosten im Lohnsteuerrecht.(B,1956, H.5, S.97-98)

Heuer:Steuerliche Behandlung von Pensionsberechtigungen bei Steuerpflichtigen mit Gewinneinkünften (Handelsvertreter, selbständig Tätige u.a.). (B,1956,H.5, S.96-97)

Hoffmann,A.;A.Grass: Die Abzinsung von 70-Darlehen bei der Einkommen- und Körperschaftsteuer.(BB,1956,H.5, S.171-172)

Hoffmann,E.O.: Zur Besteuerung von Lohn- und Gehaltsnachzahlungen. (B,1956,H.9, S.193-194)

Körperschaftsteuerliche Behandlung eines Organverhältnisses mit Ergebnisausschluß. (B,1956,H.9, S.192-193)

List,H.: Zur Beweisaufnahme durch Finanzbehörden in finanzgerichtlichen Verfahren.(FR,1956,H.5, S.100-102)

Massen: Die Gefahr der Überspitzung des Rechtsschutzes.(FR,1956, H.4, S.73-74)

Menze,H.: Wirkliche Steuerreform - gerade heute! (Mbl.freiheitl. Wipol.,1956,H.2, S.88-91)

Paulick,H.: Der neueste Stand der Diskussion um die Reform der Ehegattenbesteuerung.(FamRZ,1956,H.4, S.100-104)

Paulick,H.: Neue Vorschläge des Familienministeriums zum Familienlastenausgleich.(FamRZ,1956,H.4, S.99-100)

Peters,K.: Veränderungen der internationalen Kapitalposition Großbritanniens. (EA,1956,H.6/7, S.8705-8710)

Piesker,J.F.: Zur Neuordnung der Finanzgerichtsbarkeit.(BB,1956, H.8, S.269-270) 7

Presting,D.: Zum Rückerstattungsanspruch nach § 290 Lastenausgleich gesetz. (DÖV,1956,H.4, S.110-113)

Rosenberger,H.: Gelten die Buchführungsurteile des BFH nur für Vollkaufleute im Sinne des Handelsrechts? (B,1956,H.7,S.141-142) 10

Schiffbauer,S.: Ein Vergleich zwischen deutschem und amerikanischem Steuerrecht, dargestellt am Beispiel der Besteuerung des Steinkohlenbergbaus.(FR,1956,H.5, S.97-100)

Schumacher,H.: Die Umwandlung von Aufbaudarlehen der gewerblichen Wirtschaft des Lastenausgleichs in Hauptentschädigung.(B,1956,H.7, S.153-155)

Strickrodt,G.: Mehr Finanzpublizität! (Mbl.freiheitl.Wipol.,1956, H.2, S.84-87)

Wendt,P.: Beeinflussung der Vermögensabgabe durch gezahlte Entschädigungen für Kriegssachschäden. (B,1956,H.8, S.216-218)

Wilden,H.: Die Rückzahlung des Kaufpreises im Rückerstattungsverfahren.(B,1956,H.11, S.249-251) 9

Wilhelmi,H.: Umsatzsteuerliche Behandlung von Teilzahlungsgebühren. (UStR,1956, H.6, S.41-43) 9

5.Strafrecht,Strafprozeß

Zum Ansbacher Urteil. (DRiZ,1956,H.2, S.37)

Arndt,H.: Die verwirkte Strafe in § 27 b StGB.(GAStr.,1956,H.3, S.74-75)

Arndt,H.: Winke für den Strafrichter.(DRiZ,1956,H.2, S.28-33)

Bamberger,H.: Strafvollzug an jugendlichen Rechtsbrechern in Österreich.(RdJ, 1956,H.6, S.85-87)

Berg,C.: Der Strafvollzug an weiblicher Jugend in den Vereinigten Staaten von Amerika. (RdJ,1956,H.6, S.87-89)

Böhmer,E.: Die zivil- und strafgerichtliche Rechtsprechung zum Verkehrsrecht. (JZ,1956,H.7, S.213-216) 9

Börker:Wie ist ein Berufsverbot nach § 421 StGB zu begründen? (DRiZ,1956,H.2, S.34-35)

Bruns: Venire contra factum proprium im Strafrecht? (JZ,1956,H.5/6, S.147-153)

Bruns,H.-J.: Zum gegenwärtigen Stand der Strafzumessungslehre. (NJW,1956, H.7, S.241-246)

Dallinger,W.: Aus der Rechtsprechung des Bundesgerichtshofes in Strafsachen.(MDR,1956,H.3, S.143-146)

Ehlers,H.: Das Vertretungsrecht im Steuerstrafverfahren.(B,1956, H.6, (Beil.), S.1-4) 4

Friedrichs,K.: Bedingte Entlassung bei mehreren Strafen.(MDR,1956, H.3, S.148-149)

Gerstenberg, E.: Löschen von Tonbändern als neuer strafrechtlicher Tatbestand.(NJW,1956,H.15, S.54o)

Gilsdorf: Internationale Strafrechtstagung über Fragen der Kindestötung. (JZ,1956,H.5/6, S.187-188)

Händel,K.: Haftbefehl bei Maßnahmen der Sicherung und Besserung. (MDR,1956,H.4, S.208-209)

Hahnenfeld,G.: Die nichtamnestierten Spätheimkehrer und das sowjetische Strafrecht. (NJW,1956,H.7, S.25o-251)

Heimerich,H.: Der Mißbrauch von Tonbandaufnahmen.(BB,1956,H.8, S.249-252) 13

Hellmer,J.: Das Zusammentreffen von natürlicher Handlungs- und rechtlicher Tateinheit bei Verletzung höchstpersönlicher Interessen. (GAStr.,1956,H.3, S.65-74)

Henrichs,W.: Freispruch und Menschenwürde. MDR,1956,H.4, S.196-201)

Hohlfeld,A.: Der Aufbau der Strafvollzugsverwaltung in England. Ein Reisebericht. (JZ,1956,H.4, S.13o-133)

Kobler:Vom Mailänder "Zentrum für soziale Vorbeugung und Abwehr." (Strafprozeßreform; Reform der Schiedsgerichtsbarkeit; u.a.m.) (JZ,1956,H.5/6, S.185-187)

Mayer,H.: Das Problem des sogenannten dolus generalis. (JZ,1956, H.4, S.1o9-112)

Müller,J.: Über Erfahrungen beim Vollzug der unbestimmten Jugendstrafe.(RdJ,1956,H.5, S.71-75)

Niggemeyer; Aufgaben und Organisation des Bundeskriminalamtes. Seine Zusammenarbeit mit den Justizbehörden.(GAStr.,1956,H.3, S. 75-88)

Ottow,J.: Üble Nachrede und Verbotsirrtum.(NJW,1956,H.6, S.211-212)

Peters,K.: Zuständigkeitsabgrenzung der Jugend- und Erwachsenengerichte.(NJW,1956,H.14, S.492-494)

Der BGH zur Rassenverfolgung. (DRiZ,1956,H.2, S.36)

Reiff,H.: Kann der Sühneversuch in Privatklagesachen nach Klageerhebung nachgeholt werden? (NJW,1956,H.14, S.500)

Riedel,H.: Jugendgericht und Jugendstrafanstalt.(RdJ,1956,H.5, S.65-67)

Riedel,H.: Österreichisches und deutsches Jugendstrafrecht. (RdJ,1956,H.6, S.83-85)

Ritter:Der täterfremde Eigentümer als Nebenbeteiligter im Steuerstrafverfahren.(NJW,1956,H.11, S.408-410) 4

Rölle,H.: Nochmals: Nebenklägerauslagen im Strafbefehlsverfahren bei Rücknahme des Einspruchs. (NJW,1956,H.12/13, S.456)

Schefter,M.: Gegensätzliche Auffassungen zwischen Presse und Justiz. (ZV u.ZV,1955,H.22, S.903-904)

Schlotheim, H.H. Freiherr von: Nochmals: Weisungen und Grundgesetz. Zugleich ein Beitrag zur Erziehungsgewalt des Jugendrichters. (RdJ,1956,H.6, S.81-83)

Schmidt,E,: Zulässigkeit und Verwendbarkeit von Tonbandaufnahmen im Strafverfahren.(JZ,1956,H.7, S.206-211)

Schmöe:Nochmals: Gedanken und Vorschläge zu § 154 c StPO. (NJW,1956, H.6, S.212-213)

Schnitzerling:Nochmals: Sühneverfahren gegen Jugendliche.(§ 380 StPO). (FamRZ,1956,H.3, S.72)

Seipp,P.: Über Jugendgerichtsbarkeit,Jugendstrafvollzug und Resozialisierung. (RdJ,1956,H.4, S.49-51)

Siebecke,H.;R.Werner: Ausgerechnet die Spitzbuben? Ein Rundfunkgespräch über kriminelle Jugendliche.(RdJ,1956,H.4, S.56-59)

Stree,W.: Zur Vertretung beim Strafantrag.(NJW,1956,H.12/13, S.454-455)

Traub,F.: Betrug bei Veräußerung unterschlagener Sachen an einen gutgläubigen Erwerber.(NJW,1956,H.12/13,S.450-452)

Dauer der Untersuchungshaft in Strafverfahren beim BGH.(DRiZ,1956, H.3, S.61-62)

Werner,R.: Aufgabe und Praxis des Jugendstrafvollzugs.(RdJ,1956, H.4, S.59-61; H.5, S.67-71)

Westarp,I.von: Internationale Begegnung mit dem englischen Jugendstrafrecht. (DRiZ,1956,H.3, S.52-54)

6.Kriminalistik,gerichtliche Medizin

Deitigsmann,O.: Vom Wesen der Schriftfälschung. (NJW,1956,H.9, S.330-331) 5

Keiter,F.: Das anthropologische Vaterschaftsgutachten mit Bilanzierungsrechnung. (Zbl.Jug.R,1956,H.2, S.41-47) 9

7.Gerichtsverfassung (einschließlich Notariat und Anwaltschaft)

Arndt,A.: Die Innenminister und das Richtergesetz. (DRiZ,1956,H.3, S.56-57) 3

Bettermann,K.A.: Der Rechtsweg in Defektensachen. Kritische Bemerkungen zu BGH III ZR 263/53 vom 11.7.1955. (MDR,1956,H.4, S.193-196) 3

Erdsiek; Friedlaender: Zur Frage der Simultanzulassung beim Oberlandesgericht. (JZ,1956,H.4, S.112-113)

Fragistas,Ch.N.: Die Garantien der richterlichen Unabhängigkeit in Griechenland. (DRiZ,1956,H.3, S.46-48)

Hartung,H.: Hilfsarbeiter bei Steuergerichten. (NJW,1956,H.15, S.537-538)

Haussmann,W.: Konzentration der Gerichtsbarkeit. Abbau der Rechtsbehelfe. (DRiZ,1956, H.3, S.58-59)

Heyer,H.: Können und sollen die Richter in die Personalvertretungsgesetze der Länder einbezogen werden? (DRiZ,1956,H.3, S.54-56) 3

Kobler, F.: Wesen und Aufgaben der Staatsanwaltschaft(Pubblico Ministero im italienischen Zivilprozeß). (DRiZ,1956,H.3, S.50-51)

Kregel,W.: Simultanzulassung beim Oberlandesgericht? (DRiZ,1956, H.2, S.25-26)

Lombardo,G.C.: Die verfassungsrechtliche Autonomie der Richter und Staatsanwälte in Italien. (DRiZ,1956,H.3, S.48-50)

Piegler,J.: Richterdisziplinarrecht in Österreich. (DRiZ,1956, H.3, S.51-52) 3

Die Rechtsstellung der Richter. (DRiZ,1956,H.2, S.22-24) 3

Keine Einbeziehung der Richter in die Personalvertretungsgesetze der Länder. (DRiZ,1956,H.2, S.24-25; H.3, S.63-64)

Zur Stellung der Richter und Staatsanwälte bei den Gerichten der Streitkräfte. (DRiZ,1956,H.2, S.37)

Besprechung über das Richtergesetz im Bundesjustizministerium. (DRiZ,1956, H.2, S.39-40)

Schultz,G.: Blick in die Zeit. (Normenkontrolle)(MDR,1956,H.3, S.147-148)

8.Freiwillige Gerichtsbarkeit

Goller,W.: Nochmals: Reformfragen zur Vormundschaftsgerichtshilfe. (FamRZ,1956,H.3, S.70-71)

Herschel:Kindergeld und Vormundschaftsgericht. Zu § 8 des Kindergeldgesetzes. (MDR,1956,H.5/6, S.153-155) 11

9.Zivilrecht,Zivilprozeß

Bettermann: Der Tod des Hauptmieters.(ZMR,1956,H.4, S.109-111)

Bode,F.: Wie lautet der Urteilsspruch, wenn bei einer Verbindung von Leistungs- und Feststellungsklage ein Grundurteil ergehen soll? (DRiZ,1956,H.3, S.57-58)

Bode,H.J.: Die Kostenerstattung bei Prozeßvertretung durch Mieter- und Vermietervereine. (NJW,1956,H.14, S.494-497)

Böhmer,E.: Zur Auslegung endgültiger Abfindungsvergleiche.(NJW, 1956,H.14, S.497-498)

Busse,H.-U.: Welche Bedeutung hat die Beschränkung eines Befriedigungsvorrechts nach § 116 LAG und einer Vorrangseinräumung(§ 880 BGB) auf eine bestimmte jährliche Tilgungsleistung einer Hypothek. (MDR,1956,H.4, S.209-210)

Capeller,R.: Die doppelte Sicherungszession an den Waren- und den Geldkreditgeber. (MDR,1956,H.3, S.137-139) 10

Dähne,E.: Schmerzensgeld in Schadensersatzkostenrechnungen gemäß §§ 823 ff. BGB. (Soz.Sicherh.,1956,H.3, S.73-75)

Dempewolf,G.: Kreditsicherung durch Abtretung eines Grundpfandrechts ohne Grundbucheintragung.(B,1956,H.8, S.177-178)

Dörffeldt,S.: Interzonale Rechts- und Amtshilfe in Zivilsachen. (NJW,1956,H.6, S.209-210) 7

Frank,K.: Das Eigenheim im Spiegel betrieblicher Sozialpolitik. (ASP,1956,H.3, S.91-94) 13

Frisius: Zur Erbfolge nach einem Verschollenen. (NJW,1956,H.14, S.499-500)

Fritze,U.: Verfügungen vor Erteilung der behördlichen, insbesondere der devisenrechtlichen Genehmigung. (NJW,1956,H.15,S.538)

Hermes:Über die Unbedingtheit oder Bedingtheit eines Wohnungsräumungsvergleichs. (ZMR,1956,H.3, S.75-76)

Herminghausen:Langfristige Landpachtverträge.(MDR,1956,H.3,S.133-136)

Klauss,H.: Rücktritt vom Abzahlungsgeschäft. Berechnung des vom Verkäufer zurückzugewährenden Betrages. (BB,1956,H.8, S.255-256)

Lang,S.; Bauknecht: Die Gesamtschuld in der Kostenerstattung. (NJW,1956,H.10, S.366-370)

Lenk:Fallen gemeinnützige Wohnungsunternehmen unter § 32 Abs. 4a MSchG und ist der Wohnraumbedarf ihrer Mitglieder als Bedarf "für eigene Zwecke" anzusehen?(ZHR,1956,H.4, S.111-112)

Lenk:Zur Frage,welche Bedeutung die Erlaubnis des Vermieters nach § 549 BGB hat. (NJW,1956,H.8, S.290-291)

Lobscheid,H.G.; W.Gail: Gefälligkeitsfahrten der Betriebe und die Versicherung ihrer Risiken. (AG,1956,H.6, S.207-210)

Meyer, K.E.: Der Zeitpunkt der "Erhebung der Abänderungsklage" gemäß § 323 III ZPO. (FamRZ,1956,H.3, S.67-68)

Möller,H.-G.: Die Frage des Kontrahierungszwanges im Anzeigenwesen im Lichte der neueren Rechtsprechung. (ZV u.ZV,1956,H.5 (Beil.).S.3-4)

Mühl: Der außergerichtliche Liquidationsvergleich. (NJW,1956,H.11, S.401-405)

Peters:Zuteilung von zweckgebundenen Wohnungen an Nichtbegünstigte. (ZMR,1956,H.4, S.112-113)

Pöschl,E.: § 765 a ZPO und das Zwangsverwaltungsverfahren.(NJW, 1956,H.10, S.372-373)

Richert: Zur Anmeldebefugnis und Eintragungsfähigkeit des Vereinsvorstandes.(NJW,1956,H.10, S.364-365)

Riedel,F.: Die Rechtsprechung in Landwirtschaftssachen im Jahre 1955. (JZ,1956,H.4, S.114-117)

Roquette,H.: Ausschluß von Mieterhöhungen durch Vertrag mit Dritten. (NJW,1956,H.12/13, S.453-454)

Rosseburg:Gefälligkeitsmiete und Mieterhöhung im Bundesmietengesetz. (ZMR,1956,H.3, S.73-74)

Schätzler,J.-G.: Vertragshilfe bei Trümmerhypotheken. Kritik der Rechtsprechung des Bundesgerichtshofes zu §§ 3,1 VHG. (NJW,1956, H.14, S.489-492)

Schandelmaier, H.P.: Nachträgliche Zubilligung von weiterem Schmerzensgeld. (NJW,1956, H.6, S.21o-211)

Scheer,J.: Das Ende der Sicherungsübereignung als Kreditunterlage? (NJW,1956,H.11, S.410-411)

Schmidt,E.: Lohnpfändung und Familie. (FamRZ,1956, H.4, S.98)

Schmidt,H.W.: Pfändung ausländischer Forderungen und die Zustellung von Pfändungsbeschlüssen,wenn der Drittschuldner im Ausland wohnt. (MDR,1956, H.4, S.204-206)

Schultz,G.: Blick in die Zeit. Kündigungsschutz für Geschäftsräume. (MDR,1956,H.4, S.206-208)

Sprengel,H.-E.: Die Vertretung öffentlich-rechtlicher Sparkassen durch Bevollmächtigte. (ZHK,1956, Bd.119 H.1, S.1-21) 3,10

Tasche,F.: Zur Ausgleichs-Anrechnungs-Pflicht von Vorempfängen im Höferecht. (RdL,1956,H.2, S.33-38)

Tschischgale, M.:Streitwert in Mietsachen. (HW,1956,H.1, S.4)

Wagner,A.: Zur Anerkennung sowjetzonaler Scheidungsurteile. (DRiZ,1956,H.2, S.27-28)

Weitnauer: Aktuelle Fragen des Mietrechts,(Teil 2)(B,1956,H.5, S.105-107)

Wenner:Ist der Räumungsschuldner zur Zahlung der nach dem BMG zulässigen Mieterhöhung verpflichtet? (ZMR,1956,H.3, S.74-75)

Werhahn,J.W.: Anwendbarkeit des § 3 VHG auf Zinsforderungen aus dinglich gesicherten Bankkrediten. (NJW,1956,H.9, S.331-332)

Wülfig,R.: Anmeldung einer Forderung durch den Konkursverwalter? (DRiZ,1956,H.3, S.58)

10.Handelsrecht,Wertpapierrecht,Urheber- und Erfinderrecht

Alexander-Katz: Aktuelle Probleme des Ausstattungsrechts.(GRUR, 1956,H.2, S.54-64)

US-Antitrustrechtsprechung und Außenhandel. Amerikanische Geschäftsleute zu den Auswirkungen der neueren Auslegung der Antitrustgesetze auf Außenhandel und Außenpolitik der USA.(WuW,1956,H.2, S.121-129) 2

Arras,G.: Die Rechtsstellung der Tagespresse nach dem Referenten-Entwurf eines Urheberrechtsgesetzes. Gutachtliche Stellungnahme mit Änderungsvorschlägen. (ZV u.ZV,1956,H.3,.(Beil.), S.9-12)

Bezzenberger,G.: Der Begriff der Ausstattung im Sinne des § 25 WZG. (WRP.,1956,H.2, S.33-38)

Brunn,W.: Zur Haftung für Geschäfte der Vor-GmbH.(BB,1956,H.8, S.261-262)

Coenen,E.: Das Verhältnis des Entflechtungsrechts in Deutschland zum Montanunionvertrag. (WuW,1956,H.2, S.89-100)

Droste,K.: Die unzulässige Preisunterbietung.(B,1956,H.11 (Beil.), S.1-4) 4

Ehlers,K.: Markenschutz für Dienstleistungen.(BB,1956,H.6, S.181-182)

Freese,B.: Haftungsprobleme der Einmann-GmbH. (NJW,1956,H.8, S.283-285) 9

Furler,H.: Die Neuheit im Geschmacksmusterrecht. (GRUR,1956,H.2, S.49-51)

Gleiss: Verbot der Preisbindung bei Photofilmen. (BB,1956,H.7, S.224-225; H.9, S.287-288)

Gleiss,A.: Vertikale Preisbindung durch zweistufige Unternehmen? (WRP,1956,H.3, S.65)

Haage,H.: Die Klausel "ab Kai" unter Berücksichtigung der Trade Terms. (BB,1956,H.6, S.195-197)

Hammer,K.: Die Wettbewerbsregelung im Rahmen der Zins- und Wettbewerbsabkommen des Kreditgewerbes. (NJW,1956,H.9, S.326-329)

Hootz,Ch.: Haftung des Spediteurs für Diebstähle durch seine Leute nach dem ADSp./SVS. (NJW,1956,H.11, S.411-412)

Jadesohn: Grundzüge des amerikanischen Handelsrechts.(ZHK,1956, Bd.119, H.1, S.22-57)

Junckerstorff, K.: Jahresbilanz der internationalen Kartellpolitik. (WRP,1956,H.3, S.69-71)

Karl,L.: Die Unabdingbarkeit im Arbeitnehmererfinder-Gesetz. (GRUR,1956, H.2, S.51-53) 13

Koch,E.: Vorkriegs-Remboursverbindlichkeiten einer offenen Handelsgesellschaft. Eine Erwiderung. (BB,1956,H.4, S.130-131)

Köhler:Unternehmensverfassung und Aktienrechtsreform.(JZ,1956, H.5/6, S.137-142) 13

Leinveber,G.: Titelschutz im Filmrecht. (GRUR,1956,H.2, S.64-68)

Lieberknecht,O.: Die Vernünftigkeitsklausel (rule of reason) im Recht der Wettbewerbsbeschränkungen.(BB,1956, H.5, S.156-158)

Metzen,J.von: Zeichenschutz an Beschaffenheitsangaben.(GRUR,1956, H.3, S.103-105)

Neumann-Duesberg: Der Rechtsschutz von Feuilleton, Leitartikeln und Pressenachrichten unter besonderer Berücksichtigung der Referentenentwürfe zur Urheberrechtsreform.(ZV u.ZV,1955,H.2, S.40-42)

Pabst: Das Auskunftsrecht des Aktionärs. (BB,1956,H.5, S.149-151)

Pretnar,St.: Die Entwicklung der handelsrechtlichen Gesetzgebung Jugoslawiens seit 1945. (ZHK,1956, Bd.119,H.1, S.58-65)

Reimann,G.: Der Sonderrabatt im Einzelfall.(NJW,1956,H.9, S.332-334)

Richert,E.: Zur Frage der Wiedereintragung einer gelöschten Handelsgesellschaft als noch in Liquidation befindlich.(MDR,1956, H.3, S.149-151)

Schönherr,F.: Wettbewerbs- und Markenrecht in Österreich. Eine Übersicht über die im Jahre 1955 veröffentlichte Rechtsprechung. (WRP,1956,H.2, S.40-43)

Schupp,R.: Der Erwerb und die Aufrechterhaltung von Urheberrechten und von gewerblichen Schutzrechten im Ausland im neuen deutschen Devisenrecht. (ZV u.ZV,1955, H.2, S.42-44)

Sölter,A.: "Kleines Kartellgesetz" durch § 2 a Wirtschaftsstrafgesetz? (B,1956,H.9, S.201-203) 5

Sonderland,M.: Ausstrahlungen der Souveränität auf die Preisbindung für Markenartikel. (B,1956,H.6, S.129-131) 3

Spengler,A.: Wettbewerbsrechtliche Beurteilung von Spenden und Reklamezuschüssen.(WuW,1956,H.2, S.110-120)

Sudhoff:Kapitalbeteiligung und Einbringung bei der offenen Handelgesellschaft und Kommanditgesellschaft. (NJW,1956,H.9, S.321-324)

Weiß,Herabsetzung und Erhöhung der Kapitalanteile bei der kapitalistischen Kommanditgesellschaft. (BB,1956,H.9, S.292-294)

Gesetz gegen Wettbewerbsbeschränkungen. (AG,1956,H.5, S.174-175)

11.Familienrecht

Becker,W.: Eheschutz gegen Ehescheidung. Insbesondere: Der Staatsanwalt in Ehescheidungsverfahren. (FamRZ,1956,H.4, S.93-97)

Bergerfurth,B.: Zur Bedeutung des Negativattestes. (NJW,1956,H.8, S.289-290)

Frantz:Tendenziöse Erfindung des RG? (Ehezerrüttung) (NJW,1956, H.14, S.498)

Frantz:Nochmals:"Zum bösen Schein im Eherecht". (FamRZ,1956,H.4, S.97-98)

Roth-Stielow,K.: Die Regelung des Verkehrs mit Kindern im Scheidungsprozeß. (NJW,1956,H.8, S.289)

Zur Nieden,M.: Mängel des Adoptionsrechts. (FamRZ,1956,H.3, S.68-70)

12.Internationales Privatrecht

Marx,R.: Die neue Schiedsordnung der Internationalen Handelskamme (NJW,1956,H.8, S.281-283) 2

Serick,R.: Zur Konfiskation von Mitgliedschaftsrechten.(JZ,1956, H.7, S.198-206)

13.Arbeitsrecht (einschließlich Verfahren)

Die Alters- und Invaliditätssicherung nach den Beschlüssen des Sozialkabinetts und den Vorschlägen des Beirats für die Neuordnung der sozialen Leistungen. (AG,1956,H.6, S.211-212)

Altrock,v.: Der Ermessensbereich für Härtefälle nach § 1442 Abs. 3 RVO. (ASP,1956,H.3, S.83-84)

Muß der Arbeitgeber bei schwerster Pflichtverletzung einer werdenden Mutter das Arbeitsentgelt weiterzahlen? (BB,1956,H.4, S.143)

Auerbach,W.: Ein Sozialkabinett denkt laut! Lohnwert-,dynamische oder Produktivitätsrente? (Soz.Sicherh.,1956,H.3, S.65-67)

Bekemeier,H.: Die knappschaftliche Versicherung im Rahmen der Sozialreform. (ASP,1956,H.2, S.45-48)

Wahl des Betriebsratsvorsitzenden und seines Vertreters aus derselben Arbeitnehmergruppe. (BB,1956,H.4, S.140-141)

Brügel,J.W.: Die Überwindung der amerikanischen Gewerkschaftsspaltung. (EA,1956,H.5, S.8651-8654) 1

Brüggemann,W.-D.: Garantierter Jahreslohn und Arbeitslosenversicherung in USA. (BArbBl.,1956,H.5, S.156-160)

Caesar,P.: Spzialversicherungsrechtliche Betrachtungen-Rückblick-Ausblick. (BArbBl,1956,H.4, S.111-115)

Caesar,P.: Drei neue Sozialversicherungsgesetze. (BArbBl., 1956, H.5, S.148-149)

Dapprich,G.: Die Rechtsprechung des Bundessozialgerichts in Angelegenheiten der Knappschaftsversicherung. (BArbBl.,1956,H.6, S.167-168)

Fristlose Entlassung eines Betriebsratsmitglieds wegen einer im Auftrag und im parteipolitischen Interesse der KPD erfolgten Abstimmung unter der Betriebsbelegschaft (BAG v.13.1.1956).(B,1956, H.7, S.162)

Entlassung eines Betriebsratsmitgliedes wegen Veranstaltung kommunistischer Propagandaabstimmungen unter der Belegschaft.(BB,1956, H.5, S.174)

Erlebach,K.: Zum Jugendarbeitsschutzgesetz. (Wissen und Tat,1956, H.3, S.71-77)

Fechner,E.; H.Maier:Die Rechtswirksamkeit der arbeitsrechtlichen Bestimmungen des sogenannten Truppenvertrages. (RdA,1956,H.3, S. 87-95) 2

Frey,E.: Kündigungsschutz und Betriebsverfassung im Saarland. (ArbuR,1956, H.2, S.50-52)

Freybe,G.: Rechtswirksamkeit von Lehrverträgen im Handwerk bei berufsrechtlichen Mängeln? (BB,1956, H.6, S.214-215)

Friederichs,H.: Rechtsfragen zu § 196 SGG. (SGb,1956,H.2, S.37-39)

Galperin,H.: Gleicher Lohn für Männer und Frauen. (JZ,1956,H.4, S.105-109) 3

Friederichs,H.: Zwei Jahre Sozialgerichtsbarkeit. (BB,1956,H.8, S.276-279)

Gassert,G.: Neuordnung der Rentenversicherung.(ASP,1956,H.3, S.68-72)

Gassert,G.: Subsidiaritätsprinzip oder Versorgungsstaat? Die Sozialreform als politische Aufgabe. (ASP,1956,H.2, S.33-36)

Grüll,F.: Die 1955 in Kraft getretenen Sozialgesetze. (ASP,1956, H.2, S.36-38)

Gumpert,J.: Lohnzahlung an Feiertagen. (BB,1956,H.7, S.244-246)

Hedemann,J.W.: Was ist sozial? (AG,1956,H.6, S.198-200) 1

Hennecke: Rechtsanwälte und Sozialgerichtsbarkeit. (MDR,1956,H.4, S.201-204)

Hensen,H.: W.Schreiber, Existenzsicherheit in der industriellen Gesellschaft. Vorschläge des Bundes Katholischer Unternehmer zur Reform der Sozialversicherungen, Köln 1955.(Rez.) (RdA.,1956,H.3, S.81-87)

Herschel,W.: Das richterliche Ermessen bei relativer Berufungs-, Revisions- und Beschwerdefähigkeit. (RdA,1956,H.2, S.41-45)

Hochreuther: Zur Praxis der Haftpflichtprozesse. Unter besonderer Berücksichtigung des Forderungsübergangs nach § 1542 RVO beim Grundurteil. (NJW,1956,H.12/13, S.452-453)

Hoffmann: Die Befugnisse des Vorsitzenden im SGG hinsichtlich des Zeugen- und Sachverständigenbeweises bei der Vorbereitung der mündlichen Verhandlung. (SGb.,1956,H.2, S.47-48)

Hoffrichter: Sind Ausbildung und bisheriger Beruf eines Arbeitslosen geeignet, die Nichtannahme einer ihm angebotenen berufsfremden Beschäftigung zu rechtfertigen? (SGb.,1956,H.3, S.83-84)

Jaerisch:Aus der neueren Rechtsprechung des Bundesarbeitsgerichts. (ASP,1956,H.3, S.86-89)

Jahn,K.: Die Berechnung der Rentenversicherungsbeiträge für freiwillig Versicherte. (ASP,1956,H.2, S.50-51; H.3, S.85-86)

Jantz: Die Beschlüsse des Sozialkabinetts zur Sozialreform. (BB, 1956,H.7, S.217-219) 2

Jugendschutz gestern und heute. (Mbl.freiheitl.Wipol.,1956,H.2, S.76-78)

Kauffmann,H.: Gerichtliche Nachprüfung der Eingruppierung in Gehaltsgruppen der Angestellten des öffentlichen Dienstes durch die Arbeitsgerichte? (NJW,1956,H.12/13, S.446-448)

Köhrer,H.: Wird das Sozialprodukt immer ausreichen? Aspekte zur Entwicklung von Sozialprodukt,Investitionsquote und Staatseinfluß. (ASP,1956,H.3, S.73-76)

König: Besonderheiten der Revision und der Rechtsbeschwerde im arbeitsgerichtlichen Verfahren. (MDR,1956,H.3, S.129-132)

Krebs:Zweifelsfragen bei den Berufungsausschließungsgründen. (SGb.,1956,H.3, S.75-77)

Berücksichtigung des Abkehrwillens eines Arbeitnehmers bei der sozialen Auswahl bei betriebsbedingten Kündigungen. (BB,1956,H.4, S.143)

Zulässigkeit einer Lohnabtretung. (BB,1956, H.5, S.306)

Um die Reform der Lohnfestsetzung in Australien. (AG,1956,H.5, S.158-160)

Zur Problematik der Lohnfortzahlung bei Krankheit. (AG,1956,H.5, S.176-178)

Mellwitz: Errichtung und Aufhebung sowie Bildung von Rechtsprechungskörpern bei den Sozialgerichten und Landessozialgerichten. (SGb.,1956, H.3, S.79-80)

Meissinger,H.: Rechtsfragen zu einem neuen Christlichen Gewerkschaftsbund. (BB,1956,H.5, S.177-179) 1

Um die Mitbestimmung in den Holding-Gesellschaften. (AG,1956,H.5, S.154-155) 1

Monjau,H.: Die Schweigepflicht des Arbeitnehmers.(B,1956,H.8, S.232-233)

Hat sich die Montan-Mitbestimmung bewährt? (AG,1956,H.5, S.152-153) 1

Neue Beschlüsse des Sozialkabinetts zur Neuordnung der Rentenversicherungen. (RdA,1956,H.3, S.100-102)

Interessante Fälle aus der bisherigen Rechtsprechung des Landessozialgerichts Nordrhein-Westfalen.(BArbBl.,1956,H.5,S.144-147)

Reckling,F.: Medizinische Probleme in der Sozialgerichtsbarkeit. (T.1.) SGb.,1956,H.3, S.77-79)

Rehhahn,H.: Aequivalenzprinzip und Leistungszulagen. (ArbuR,1956, H.2, S.37-47)

Rehhahn,H.: Zur Problematik des allgemeinen Arbeitsmarktes und der Schätzung der Minderung der Erwerbsfähigkeit (MdE)(Soz.Sicherh., 1956,H.3, S.68-73)

Rehhahn,H.: Soziale und ökonomische Funktion des Tariflohnes. (Gew.Mon.H.3, 1956,S.138-144)

Riess,A.: Neue Methoden zur Vermeidung von Arbeitskonflikten in Frankreich.(Gew.Mon.H.,1956, H.4, S.247-248)

Rocktäschel,O.: Die Rentenbemessung und - gestaltung in der Invaliden-und Angestelltenversicherung in der Vergangenheit,Gegenwart und Zukunft. Ein Beitrag zur Sozialreform.(BArbBl.,1956,H.4, S.115-123)

Salzmann,W.: Die erblich belastete Sozialreform.(Mbl.freiheitl. Wipol.,1956,H.2, S.99-105)

Savaète,Eu.: Der Vertragsbruch beim gewerblichen Arbeits- und Lehrvertrag. (Teil 2)(ArbuR,1956,H.2, S.33-37)

Schadensersatzanspruch wegen Verschuldens bei Abschluß des Arbeitsvertrages. (BB,1956,H.4, S.142-143)

Scharlau,M.: Untersuchungen über die finanziellen Auswirkungen eines Gesetzes zur Gleichstellung aller Arbeitnehmer im Krankheitsfall. (BArbBl.,1956,H.3, S.82-86)

Scharmann: Die Probleme der Rehabilitation Behinderter in internationaler Sicht. (BArbBl.,1956,H.6, S.175-187)

Schayer,K.: Arbeit und Freizeit in der industriellen Gesellschaft. (Gew.Mon.H.,1956,H.4, S.237-242)

Schelp; Herbst: Die Lohnfortzahlung im Krankheitsfall.Eine Betrachtung des gegenwärtigen Rechtszustandes im Hinblick auf die derzeitigen Reformbestrebungen.(BArbBl.,1956,H.3, S.67-77)

Schewe,D.: Die Beschlüsse des Sozialkabinetts zur Sozialreform. (BArbBl.,1956,H.6, S.171-175) 2

Schlessmann, K.: Arbeiter und Sozialreform. (B,1956,H.9,S.209-210)

Schmatz: Lohnfortzahlung im Krankheitsfall.(BArbBl.,1956,H.3, S.86-89)

Schmeer,H.: Die Einstufung einzelner Arbeitnehmer in Vergütungsgruppen durch tarifliche Eingruppierungsstellen. (BB,1956,H.9, S.308-311)

Schregle,J.: Ausländische Arbeitsgesetzgebung. (Rumänien,Schweden, Schweiz,Sowjetunion) (RdA,1956,H.3, S.107-108)

Schregle,J.: Die rechtliche Funktion der Übereinkommen der internationalen Arbeitsorganisation. (RdA,1956,H.2, S.51-55; H.3, S.95-100) 2

Schroeder-Printzen,G.: Die Zulässigkeit des Rechtsmittels bei Ergänzung des Urteils gemäß § 140 Abs.2 Satz 2 SGG. (SGb,1956,H.2, S.41-44)

Schwankhart,F.: Der Sinn des § 96 SGG - eine Erwiderung.(SGb,1956, H.2, S.39-41)

Stellungnahme zur Neuordnung des Sozialrechts. (Gutachten einer Sachverständigenkommission im Auftrage des DGB)(Soz.Sicherh.,1956, H.2, S.42-50)

Beschlüsse des Sozialkabinetts zur Sozialreform. (RdA,1956,H.2, S.59-60)

DGB zur Sozialreform. (Soz.Sicherh.,1956,H.2, S.35-36)

Welche finanzielle Mehrbelastung bringt die Sozialreform für Arbeitnehmer und Arbeitgeber? (BB,1956,H.5, S.304)

Stahl,E.: Die Ergänzung der Kindergeldgesetzgebung. (Soz.Sicherh., 1956,H.3, S.39-41)

Stempell, H.: Diskussion der Rentenreform auf einem Gipfelpunkt? (Soz.Sicherh.,1956,H.2, S.33-34)

Auf den Spuren des Reichsversicherungsamtes.(Unterbrechung des Beschäftigungsverhältnisses durch Streik).(Soz.Sicherh.,1956,H.3,S.78)

Stückrath,W.: Probleme aus dem Kassenarztrecht. (SGb.,1956,H.3, S.73-75)

Sturmthal,A.: Gedanken zur Lohntheorie. (Gew.Mon.H.,1956,H.4, S.226-233)

Temme,W.: Die Verbindungsstellen für die Durchführung der Sozialversicherungsabkommen. (Soz.Sicherh.,1956,H.3, S.88-91) 2

Thiele,W.: Die "offensichtlich entgegen dem Gesetz" zugelassene Revision. (ArbuR,1956, H.2, S.47-50) 9

Trautwein,I.: Zum Thema Sozialreform. (Gew.Mon.H.,1956,H.4,S.253)

Trieschmann,G.: Gedanken um eine Neuordnung des Heuerverhältnisses. (B,1956,H.11, S.256-258)

Trieschmann,G.: Lohnfortzahlung und Kündigung des Arbeitsverhältnisses im Krankheitsfall des Arbeitsnehmers. Eine Darstellung verschiedener ausländischer Rechte.(BArbBl.,1956,H.3, S.77-82)

Wagnitz,L.: Elementarunterricht in Sozialreform.(ASP,1956,H.2, S.48-50)

Werdin,K.: Die Neuregelung der Rentnerkrankenversicherung. (Soz. Sicherh.,1956,H.3, S.84-87)

Wilde:Koppelung von zulässiger mit an sich unzulässiger Berufung nach dem Sozialgerichtsgesetz. (NJW,1956,H.12/13,S.448-450)

Wilde:Wie ist die Überlastung in der Sozialgerichtsbarkeit zu bekämpfen? (Schluß) SGb., 1956,H.2, S.44-46)

Witting, U.: Allgemeinverbindlicherklärung nach 6 1/2 Jahren Tarifvertragsgesetz. (BArbBl.,1956,H.5, S.160-162)

14.Juristische Ausbildungs-und Prüfungsfragen

Ostermeyer:Die Allgemeinbildung - ein Prüfungsfach? (JZ,1956, H.5/6, S.155-156)

Gemeinsame oder getrennte Ausbildung und Prüfung der Referendare für Justiz und Verwaltung? (MDR,1956,H.4, S.210-211)

Spormann,A.: Die Referendartagungen im Lande Nordrhein-Westfalen. (JZ,1956,H.4, S.113-114)

15.Sonstiges

Gaul,D.: 31.Juristenwoche in Münster.(DRiZ,1956,H.2, S.35)

C. 6.(16.) VERZEICHNIS DER NEUERWERBUNGEN DER BIBLIOTHEK DES DEUTSCHEN INSTITUTS FÜR RECHTSWISSENSCHAFT [1)]

I. ALLGEMEINES

1. Allgemeine und bibliographische Nachschlagewerke, Wörterbücher, Buch- und Bibliothekswesen

Grandin, A.: Bibliographie génerale des sciences juridiques, politiques, economiques et sociales 18oo á 1926-1929. T.1-3. Suppl.1,2. 5 Bde V Ea 13754

Güntzel, P.: Bibliothek des Reichsgerichts. Verzeichnis der Zeitschriften, Entscheidungssammlungen und Jahrbücher. Leipzig 1929. 93 S. Ea 12987

Herbst, R.: Dictionary of commercial, financial and legal terms. Wörterbuch der Handels-Finanz- und Rechtssprache. Dictionnaire des termes commerciaux, financiers et juridiques. T.1. Luzern 1955. 115o S. V Ea 13872

Hove, J. van: Répertoire des périodiques paraissant en Belgique. Brüssel 1951. 358 S. V Ea 15o71

(Juristisches Wörterbuch, 2.Aufl., russ.:) Juridičeskij slovar. 2.izd. T.1.2. T.1: 687 S. T.2: 663 S. Moskau 1955. III Eb 734

Bibliographie des deutschsprachigen Privat- und Sozialversicherungsschrifttums 1945-1953. Weissenburg 1955. 5o4 S. II Ea 13853

Trybulski, Z.: (Bibliographie des Zivilrechts. Literatur - Entscheidungen, 1945-1954, poln.:) Bibliografia prawa cywilnego. Literatura orzecznictwo, 1945-1954. Warschau 1956. 243 S. IV Ea 13613

English-German Dictionary. Englisch-deutsches Wörterbuch. Hrsg. von G.Wahrig. Leipzig 1955. 784 S. I Ea 11999

Tschechisches Wörterbuch. T.1: Tschechisch-deutsch. 2: Deutsch-tschechisch. Von A.Kunz. Neu bearb. von P.Váša. Beide Teile in 1 Bd. Berlin 1952. 289 u.38o S. II Ea 13352

1) Die hier angezeigte Literatur ist gemäß der Benutzungsordnung der Bibliothek des Deutschen Instituts für Rechtswissenschaft für die Mitglieder des Deutschen Instituts für Rechtswissenschaft, Ministerien und zentrale Institutionen der Deutschen Demokratischen Republik und nach der Leihverkehrsordnung der Bibliotheken ausleihfähig. - Verzeichnis 1 - 10 ist enthalten im Mitteilungsblatt des Deutschen Instituts für Rechtswissenschaft 1953, Nr.1 - 1955, Nr.3.

2. Biographien

(Hervorragende Namen in unserer Geschichte, russ.:) Jarki imena v nasata istorija. [Biographien] Sofia 1955. 237 S. III Ea 13609

Dornemann, L.: Jenny Marx. Berlin 1953. 187 S. I Ea 13522

Ferrara, M. u. M.: Palmiro Togliatti. Nach Gesprächen mit Togliatti aufgezeichnet. (Aus dem Italien. übers.) Berlin 1956, 280 S. I Ea 13631

Lindau, R.: Ernst Thälmann - Leben und Kampf. Berlin 1956. 35 S. I Ea 13831

3. Marxismus-Leninismus (allgemein)

Baskin, M.P.: (Materialismus und Religion, russ.:) Materializm i religija. Moskau 1955. 135 S. III Ea 13357

Engels, F.: Die Armee. Besorgt vom Marx-Engels-Lenin-Stalin-Institut beim ZK der SED. Berlin 1956. 62 S. I Ea 13830

Kolbanovskij, V.N.: (Die kommunistische Moral und Lebensweise, russ.:) Kommunisticeskaja moral'i byt. Moskau 1955. 95 S. III Ea 13384

Krutikova, N.: (Aus der Geschichte des Kampfes V.I.Lenins gegen den Opportunismus auf der internationalen Arena, russ.:) Iz istorii borby V.I.Lenina protiv oppertunizma na meždunarodnoj arene. Moskau 1955. 222 S. III Ea 13386

Lar'kina, L.S.: (Über das Buch V.I.Lenins "Der linke Radikalismus, die Kinderkrankheit im Kommunismus" russ.:) O knige V.I.Lenina "Detskaja bolezn "levizny" v kommunizme". Moskau 1955. 33 S. III Ea 13383

Lenin, V.I.: (Die Sowjetmacht und die Stellung der Frau. Der Internationale Tag der Arbeiterinnen, russ.:) Sovetskaja vlast'i položenie ženščiny. Meždunarodnyj den'rabotnic. Moskau 1955. 12 S. III Ea 13381

Markova, R.: (Der vierte < Vereinigungs > Kongress der RSDRP, russ.:) Četvertyj < ob-edinitel'nyj > s-ezd RSDRP. Moskau 1955. 93 S. III Ea 13037

Ojzerman, T.I.: (Die Verallgemeinerung der Erfahrung der Revolution 1848 durch Marx und Engels, russ.:) Obobščenie Marksom i Engel'som opyta revoljucii 1848 goda. Moskau 1956. 64 S. III Ea 13788

Pavlov, T.: (Über die Geschichte des Marxismus in Bulgarien, bulg.:) Za marksičeska istorija na Bulgarija. Sofia 1954. 473 S. IV Ea 12952

Scheler, H.: Der Marxismus-Leninismus über Religion und Kirche. Weimar 1956. 42 S. I Ea 13829

Vorovskij, V.V.: (Ausgewählte Werke über die erste russische Revolution, russ.:) Izbrannye proizvedenija o pervoj russkoj revoljucii. Moskau 1955. 396 S. III Ea 13035

4.Philosophie,Wissenschaft von der Gesellschaft,Wissenschaft im allgemeinen

Grundpositionen der französischen Aufklärung. Berlin 1955. 386 S. I Ea 13369

Balogh,E.; P.Katona: (Materie und Bewusstsein,ungar.:) Anyag és tudat. Budapest 1955. 95 S. IV Ea 13599

Baskakov,V.G.: (Die Weltanschauung N.G.Tschernyschewskis, russ.:) Mirovozzrenie Černyševskogo. Moskau 1956. 754 S. III Ea 13786

Baskin, M.P.: (Die Philosophie der amerikanischen Aufklärung, russ.:) Filosofija amerikanskogo prosveščenija. Moskau 1955. 25 S. III Ea 13262

Boguslavskij,V.M.: (Die Wissenschaft und der Glaube an Gott,russ.:) Znanie i vera v boga. Moskau 1955. 62 S. III Ea 13382

Burchard, A.I.: (Wie der Mensch die Umwelt erkennt, russ.:) Kak čelovek poznaet okružajuščij mir. Moskau 1955. 31 S.III Ea 12657

Descartes,R.: Betrachtungen über die Grundlagen der Philosophie. (Aus dem Latein übers.) Leipzig 1955. 90 S. I Ea 13623

Dietzgen,J.: Ausgewählte Schriften. Berlin 1954. 288 S. I Ea 13842

Dmitriev,A.A.: (Der Kampf der französischen Materialisten des 18. Jahrhunderts gegen die Religion und die Kirche, russ.:) Bor'ba francuzskich materialistov XVIII veka protiv religii i cerkvi. Moskau 1955. 23 S. III Ea 12636

Engst,J.: Was gibt die Philosophie fürs Leben? Eine Einführung in ihre Hauptfragen. (Aus dem Tschech.übers.) Leipzig/Jena 1956. 67 S. I Ea 13621

Heidegger,M.: Zur Seinsfrage. Frankfurt/M 1956. 43 S.II Ea 13747

Kolarov,V.: (Ausgewählte Werke. Bd 1.2.3, russ.:) Izbrani proizvedenija. T.1.2.3. Sofia 1954. T.1: 649 S. T.2: 484 S. T.3: 576 S. IV Ea 13578

Kolodjažnyj,V.I.: (Fragen zur Erkenntnistheorie in den Arbeiten K.A.Timirjasews, russ.:) Voprosy teorii poznanija v trudach K.A.Timirjazeva. Leningrad 1955. 57 S. III Ea 13443

Mezencev,V.A.: (Kann man die Zukunft voraussehen?,russ.:) Možno li predvidet'buduščee? Moskau 1955. 77 S. III Ea 13062

Nikandrov,P.F.: (Die Weltanschauung P.I. Pestels, russ.:) Mirovozzrenie P.I.Pestelja. Leningrad 1955. 161 S. III Ea 13444

(Studien zur Geschichte der philosophischen und gesellschaftlichen Ideen in Polen. T.1, poln.:) Z dziejów polskiej myśli filozoficznej i społecznej. T.1. Warschau 1956. 322 S. IV Ea 13612

Prantl,C.: Geschichte der Logik im Abendlande. Bd 1-4. Berlin 1956. 3 Bde I Ea 13638

Proesler,H.: Über die Aufgliederung der Sozialwissenschaften. Ein Vortrag. Nürnberg 1955. 23 S. II Ea 13734

Schottlaender,R.: Tiefen und Engen des Empirischen in der Güterlehre. Das Wissen von Wertcharakteren, grundsätzlich erörtert und an "Ruhe" und "Freiheit" durchanalysiert. Wiesbaden 1955. 47 S. II Ea 13794

Ujbo, A.: (Aus der Geschichte des Kampfes der Wissenschaft gegen die Religion, russ.:) Iz istorii bor'by nauki protiv religii. Moskau 1956. 30 S. III Ea 12872

Weitling,W.: Garantien der Harmonie und Freiheit. Berlin 1956. 391 S. I Ea 13769

Xenophon:Erinnerungen an Sokrates. Ins Deutsche übertr.von J.Irmscher. Berlin 1955. 194 S. I Ea 13770

5.Politische Ökonomie

Alekseev, A.M.: (Die grundlegenden Richtungen in der gegenwärtigen bürgerlichen, politischen Ökonomie, russ.:) Osnovnye napravlenija v sovremennoj buržuaznoj političeskoj ėkonomii. Moskau 1955. 39 S. III Ea 12665

Barkeley, Buquet,Duttweiler:.Sozialisierung,Unternehmerinitiative und Produktivität in Europa. Darmstadt 1955. 32o S. II Ea 13467

Boarmann,P.M.: Der Christ und die soziale Marktwirtschaft. Stuttgart,Köln 1955. 130 S. II Ea 13762

Bödeker,J.: Lohn- und Kreditreform,unerläßlich zur Vollbeschäftigung durch marktwirtschaftliche Nachfrage. Birgel/Eifel 1953. 95 S. II Ea 13761

Fabiunke,G.: Zur historischen Rolle des deutschen Nationalökonomen Friedrich List < 1789-1846 >. Ein Beitrag zur Geschichte der politischen Ökonomie in Deutschland. Berlin 1955. 295 S. I Ea 13559

Figurnov,P.K.: (Der Aufbau der sozialistischen Wirtschaft und die Entwicklung des Aussenhandels in den europäischen Ländern der Volksdemokratie, russ.:) Stroitel'stvo socialističeskoj ekonomiki i razvitie vnešnej torgovli v evropejskich stranach narodnoj demokratii. Moskau 1955. 111 S. III Ea 13045

Forstmann, A.: Neue Wirtschaftslehren. Theorien und Hypothesen. Berlin 1954. 512 S. II Ea 13532

Gladkov,I.: Das ökonomische Gesetz der planmässigen Entwicklung der Volkswirtschaft.(Aus dem Russ.übers.) Berlin 1956. 72 S. I Ea 13624

Gladkov,I.A.: (Grundriss der sowjetischen Wirtschaft von 1917 bis 1920, russ.:) Ocerki sovetskoj ekonomiki 1917-1920 gg. Moskau 1956. 503 S. III Ea 13779

Griger'jan,G.S.: (Handelskapital und Handelsgewinn, russ.:) Torgovyj kapital i torgovaja pribyl'. Moskau 1955. 158 S. III Ea 13377

(Planung des Innenhandels, poln.:) Planowanie handlu wewnetrznego. Warschau 1955. 207 S. III Ea 13261

Ausschuss für Deutsche Einheit. Die Lage der Landwirtschaft in Westdeutschland 1945/55. Berlin 1956. 55 S. I Eb 338

Lemmnitz, A.: Die Einsparung von Umlaufmitteln als wichtige Quelle der Rentabilität in den volkseigenen Betrieben. Berlin 1956. 30 S. I Ea 13523

Lemmnitz,A.: Vorlesungen über die politische Ökonomie des Kapitalismus. T.8-10. Berlin 1955-56. 108 S. I Ea 9731

Lilje,H.: Freiheit und Bindung in der Ordnung der deutschen Wirtschaft. Darmstadt 1955. 71 S. II Ea 13468

Pevžner, Ja.A.: (Die Wirtschaft Japans nach dem zweiten Weltkrieg, russ.:) Ėkonomika Japonii posle vtoroj mirovoj vojny. Moskau 1955. 350 S. III Ea 13577

Schmölders, G.: Konjunkturen und Krisen. Hamburg 1955. 137 S. II Ea 13755

Spiridonowa,N.S.: Die Ökonomik der Übergangsperiode.(Aus dem Russ.übers.:) Berlin 1956. 96 S. I Ea 13200

Betriebsplanung und Betriebstechnik der volkseigenen Industriebetriebe. Teil 1. Berlin 1956. 102 S. I Ea 13835

Protokoll der Konferenz des Instituts für Wirtschaftswissenschaften bei der Deutschen Akademie der Wissenschaften zu Berlin vom 26.-29.Jan.1956 zu dem Thema: Wirtschaft und Wirtschaftswissenschaften in Westdeutschland. Berlin 1956. 350 S. I Ea 13843

Der Weg der westdeutschen Wirtschaft. Eine Zwischenbilanz. Veröffentlicht im Auftrage der Bundesregierung,Bundesminister für den Marshallplan. Bonn 1951. 36 S. II Ea 13373

II.RECHTSWISSENSCHAFT

1.Gesetzesmaterialien und Dokumente (auch Verfassungen und Kurzkommentare)

Handbuch des Arbeitsrechts. Systemat.Erl.d.deutschen Arbeitsrechts.2.Aufl. Hrsg. W.Maus. Baden-Baden, Frankfurt/M. 1956. Loseblattausgabe. II Ea 13548

Handkommentar zum Arbeitsrecht auf Bundesebene. Von H.D.Rewolle u.E.Köst. Bd 2. Göttingen 1954. 674 S. II Ea 4357

Anordnung über die Verteilung, den Bezug und die Lieferung von Baumaterialien im Jahre 1956. Vom 26.Okt.1956. Berlin 1955. 10 S. I Ea 13716

(Die Bolschewiki an der Spitze des allrussischen politischen Oktoberstreiks im Jahre 1905. Sammlung von Dokumenten und Materialien, russ.:) Bol'ševiki vo glave vserossijskoj političeskoj stački v oktjabre 1905 g. Sbornik dokumentov i materialov. Moskau 1955. 920 S. III Ea 13246

Résolutions adoptées par le treizième Congrès de la Chambre de Commerce Internationale. Paris 1951. 86 S. V Ea 12853

Résolutions adoptées par le quatorzième Congrès de la Chambre de Commerce Internationale. Vienne, 18-23 mai 1953. Paris 1953. 1o2 S. V Ea 12868

The Constitution of the United States of America. Analysis and interpretation. Annotations of cases decided by the Supreme Court of the United States to june 3o, 1952. Ed.by E.S. Corwin. Washington 1953. 1361 S. V Eb 339

Convención Interamericana sobre el derecho de autor en obras literarias, cientificas y artisticas. San José 1951. 6 S. V Ea 12986

Drews,R.: Das erste Bundesmietengesetz. Ein Handbuch d.jetzt geltenden Mietpreisrechts. Mit erl.Beisp. Münster 1955. 153 S. II Ea 13742

(Die Gesetze zum Schutze des Friedens,russ.:) Zakony o zaščite III Ea 12932

(Gesetz über die Gerichtsverfassung der UdSSR, der Unions- und Autonomen Republiken, russ.:) Zakon o sudoustrojstve SSSR, sojuznych i avtonomnych respublik. Moskau 1954. 18 S. III Ea 12931

Grundgesetz für die Bundesrepublik Deutschland. 16.Aufl. Stand vom 1.Aug.1955. München,Berlin 1955. 154 S. II Ea 13541

Das Grundsteuergesetz mit Durchführungsverordnungen unter Berücksichtigung der bisher ergangenen Änderungen und Ergänzungen. 2.überarb. Aufl. (Stand 1.Dez.1955) Berlin 1955. 1o2 S. I Ea 13117

Harmening, R.: Währungsgesetze. Vorschriften zur Neuordnung des Geldwesens in der Bundesrepublik u.in Berlin (West). München, Berlin 1955. 836 S. II Ea 13916

Hess,A.;R.Venter: Das Gesetz über Kassenarztrecht. Köln 1955. 387 S. II Ea 13471

Jugendwohlfahrtsrecht. Textausg.mit Anm.u.Sachreg. Von H.Riedel. 3.,völlig umgest.u.erw.Aufl. München,Berlin 1955. 392 S. II Ea 13542

Das Kindergeldgesetz. Erläutergn f.d.betriebliche Praxis von Lauterbach u.Nickl. Heidelberg 1955. 88 S. II Ea 13816

Die Kindergeldgesetze < Kindergeldgesetz, Kindergeldanpassungsgesetz mit Auszug aus dem Bundesversorgungsgesetz, Kindergeldergänzungsgesetz > in der ab 1.Febr. 1956 geltenden Fassung. Textausg. mit Anm. hrsg.v.H.Goldschmidt u.K.Anders. Berlin,Frankfurt/M 1956. 187 S. II Ea 13751

Die Kindergeldgesetzgebung. Komm.von H.Lauterbach u.E.Wickenhagen. Köln,Berlin 1955. Loseblattausg. II Ea 13795

Diskussionsreden auf dem 20.Parteitag der KPdSU 14.-25.Febr. 1956. Rechenschaftsbericht der Zentralen Revisionskommission des ZK der KPdSU. Bericht der Mandatsprüfungskommission und Beschlüsse. Berlin 1956. 471 S. I Ea 13553

Kommentar zum Kündigungsschutzgesetz. Von W.Herschel u.G.Steinmann.3.,neubearb.Aufl. Heidelberg 1955. 248 S. II Ea 13773

Künne,K.: Aussergerichtliche Vergleichsordnung. 6.völlig neubearb.,verm.Aufl. München,Berlin 1955. 376 S. II Ea 13538

Das geltende Lohnsteuerrecht. Die Besteuerung des Arbeitseinkommens der Lohnempfänger und freischaffenden Intelligenz. Stand vom 1.Jan.1956. Berlin 1956. 193 S. I Ea 13620

Anordnung über die Ordnung der Materialplanung.(Verzeichnis d. Kontingentträger) ab 1956. T.2. Berlin 1956. 28 S. I Ea 13715

Meyer,A.: Internationale Luftfahrtabkommen. Bd.1.2. Köln, Berlin 1953. Bd.1: 416 S. Bd. 2: 113 S. II Ea 13895

Verträge der Bundesrepublik Deutschland. Hrsg.vom Auswärtigen Amt. Serie A. Multilaterale Verträge. Bd 1. Köln,Bonn,Berlin 1955. 495 S. II Ea 13549

Problems of economic defense. Mutual Defense Assistance Control Act of 1951. (The Battle Act). Second Report to Congress.January 1953. Washington 1953. 89 S. V Ea 12852

Mutual Defense Assistance Control Act of 1951. Public Law 213 - 82 d Congress.First Report to Congress. ... a program for the denial of strategic goods to the Soviet Bloc. Washington 1952. 107 S. V Ea 12849

Documents of the first session of the first National People's Congress of the Peoples's Republic of China. Peking 1955. 231 S. IV Ea 13435

(Der Nürnberger Prozess. Sammlung von Materialien. 3.Aufl.Bd 1.2, russ.:) Njurnbergskij process.Sbornik materialov. Izd.tret'e. T.1.2. Moskau 1955. T.1: 935 S. T.2: 1155 S. III Eb 327

Pariser und Bonner Verträge. Protokoll über d.Beendigung d.Besatzungsregimes,Vertrag über d.Beziehungen d.Bundesrepublik zu den 3 Mächten mit Zusatzverträgen u.erg.Dokumenten,Vertrag über d.Aufenthalt ausländischer Streitkräfte u.Abkommen über d.Statut d.Saar. Textausg. München,Berlin 1955. 295 S. II Ea 13544

Personalvertretungsgesetz vom 5.Aug.1955. Komm.von E.Molitor. Berlin,Frankfurt/M.1955. 372 S. II Ea 13735

Personalvertretungsgesetz. Komm.von K.Fitting u.H.Heyer. Hamburg,Berlin,Bonn 1955. 352 S. II Ea 13798

Public Law 142-81st, 171-79th, 389-80th, 535-81st, 637-83^{d}, 703-83^{d}, 831-81st, 920-81st Congress.Chapter 276-1st, 339-1st, 520-1st, 220-2^{d}, 886-2^{d}, 1073-2^{d}, 1024-2^{d}, 1228-2^{d} Session. Washington 1945-1954. Getr.Pag. V Ea 12869

Schaum,G.;R.Schlegel;W.Böhm: Erläuterungen zur Verordnung über die Wahrung der Rechte der Werktätigen und über die Regelung der Entlohnung der Arbeiter und Angestellten. 3.Aufl. Berlin 1956. 118 S. I Ea 13569

Dokumente der Sozialistischen Einheitspartei Deutschlands. Hrsg. vom Parteivorstand der SED. Bd 5: Beschlüsse und Erklärungen des ZK's sowie seines Politbüros und seines Sekretariats. Berlin 1956. 548 S. I Ea 8271

Gesetz zur Regelung von Fragen der Staatsangehörigkeit vom 22. Febr.1955. (BGBL. I S.65). Erl.von W. Hoffmann. Stuttgart 1955. 113 S. II Ea 13764

(Strafgesetzbuch und Strafprozessordnung der Volksrepublik Albanien, russ.:) Ugolovnyj i Ugolovno - processual'nyj kodeksy narodnoj respubliki Albanii. Moskau 1954. 232 S. III Ea 12941

(Sammelband der geltenden Verträge, Abkommen und Konventionen zwischen der UdSSR und ausländischen Staaten. Bd lo.11, russ.:) Sbornik dejstvujuščich dogovorov,soglašenij i konvencij,zaključennych SSSR s inostrannymi gosudarstvami. Vyp. lo.11. Moskau 1955. Bd lo: 1.Jan.1937- 21.Juni 1941. 237 S. Bd 11: 22.Juni 1941-2.Sept.1945. 198 S. III Ea 13452

Das geltende Umsatzsteuerrecht. Systematische Zusammenfassung aller geltenden Bestimmungen für die private Wirtschaft. Stand: 1.Jan.1956. Zusammengest.u.überarb.v.d.Redaktion Abgabenrecht. Berlin 1956. 195 S. I Ea 13771

(Das Urhebergesetz unter besonderer Berücksichtigung des Kulturfonds. Komm.von M.Grečo,tschech.:) Autorský zákon (s osobitným zretel'om na kultúrne fondy. Zostavil M.Grečo. Bratislava 1955. 243 S. IV Ea 12834

Politique générale des transports et Coopération usagers-transporteurs. Paris 1953. 26 S. V Ea 12855

Het Verdrag van Genève van 12. augustus 49 betreffende de bescherming van burgers in oorlogstijd. Gravenhage 1952. 27 S. V Ea 12848

(Verfassung < Grundgesetz > der Russischen Sozialistischen Föderativen Sowjetrepublik, russ.:) Konstitucija (Osnovnoj zakon) rossijskoj sovetskoj federativnoj socialističeskoj respubliki. Moskau 1954. 32 S. III Ea 12950

(Die Verfassung und die hauptsächlichsten gesetzgebenden Akte der Tschechoslowakischen Republik,russ.:) Konstitucija i osnovnye zakonodatel'nye akty Čechoslovackoj respubliki. Moskau 1955. 680 S. III Ea 13776

(Die Demokratische Republik Vietnam. Verfassung, Gesetzgebung, Dokumente, russ.:) Demokratičeskaja respublika V'etnam. Konstitucija,zakonodatel'nye akty,dokumenty. Moskau 1955. 328 S. III Ea 13040

Wegerdt,A.: Deutsche Luftfahrtgesetzgebung. Textausg.mit e. Einf.zsgest.nach d.Stande vom 1.Juli 1955. 2.,völlig neu bearb. Aufl. München 1955. 277 S. II Ea 13740

Wirtschaftsgemeinschaft in Europa. Beschlüsse d.Ministerrats d. Europäischen Wirtschaftsrates (OEEC) über d.künftige Tätigkeit d. Organisation zum wirtschaftl.Expansions-Programm, zur Liberalisierung d.Handels u.inneren finanziellen Stabilität u.Erklärungen d.deutschen Delegierten Vizekanzler Blücher zur künftigen Tätigkeit d.OEEC u.zum wirtschaftlichen Expansions-Programm. Hrsg.vom Bundesministerium für den Marshallplan. Bonn 1952. 61 S.
II Ea 13374

Gesetz über das Wohnungseigentum und das Dauerwohnrecht < Wohnungseigentumsgesetz > vom 15.März 1951. Erl.von H.Weitnauer u.C.Wirths. 3.neubearb.Aufl. Berlin 1955. 354 S. II Ea 13914

(Die Zivilprozeßordnung und die damit zusammenhängenden Vorschriften,tschech.:) Občanský soudní řád a předpisy ním souvisící. Prag 1955. 655 S. IV Ea 12968

2.Theorie des Staates und des Rechts

Bogs,W.: Grundfragen des Rechts und der sozialen Sicherheit und seiner Reform. Berlin 1955. 144 S. II Ea 13806

Brjunin, W.: Die internationale Bedeutung der ersten russischen Revolution 1905-1907. (Aus.dem Russ.übers.) Berlin 1956. 44 S.
I Ea 13556

Datlin,S.: (Wie äußert sich die Krise des imperialistischen Kolonialsystems, russ.:) V čem projavljaetsja raspad kolonial'noj sistemy imperializma. Moskau 1955. 78 S. III Ea 13783

Emge,C.: Einführung in die Rechtsphilosophie. Anleitung zum philosophischen Nachdenken über das Recht und die Juristen. Frankfurt/M 1955. 425 S. II Ea 13871

Emge,C.: Über die logisch-ontischen Strukturverhältnisse in den rechtsphilosophischen Gedanken Schopenhauers. Mainz 1955. 19 S.
II Ea 13793

Gejewski,I.A.: Die Rassenpolitik des amerikanischen Imperialismus. (Aus d.Russ.übers.) Berlin 1956. 302 S. I Ea 13819

Vorlesungsprogramm der "Geschichte der politischen Anschauungen in der Neuzeit".Ausgearb.im Auftr.d.Wiss. Beirats f.Rechtswissenschaft beim Staatssekretariat für Hochschulwesen von H.Klenner. Berlin 1955. 136 S. I Ea 12877

Hippel,E.von: Einführung in die Rechtstheorie. Ein Dialog. 4.durchgearb.Aufl. Münster 1955. 174 S. II Ea 13743

Hippel,E.von: Die Perversion von Rechtsordnungen. Tübingen 1955. 213 S. II Ea 13862

Michnevič,D.E.: (Skizzen aus der Geschichte der katholischen Reaktion < Jesuiten >, russ.:) Očerki iz istorii katoličeskoj reakcii.< Iezuity >. Moskau 1955. 406 S. III Ea 13601

Mitin,M.B.: (Die welthistorische Bedeutung der ersten russischen Revolution, russ.:) Vsemirno-istoričeskoe značenie pervoj russkoj revoljucii. Moskau 1956. 23 S. III Ea 12969

Mounier,E.: Angst und Zuversicht des 20.Jahrhunderts. (Aus dem Französ.übers.) Heidelberg 1955. 184 S. II Ea 13731

Neumann,A.: (Die volksdemokratische Rechtsordnung im Dienste des werktätigen Volkes, tschech.:) Lidové demokratický právní řád ve službách pracujícího lidu. Prag 1955. 178 S. IV Ea 12837

Prokof'ev,V.: (Der Atheismus der russischen revolutionären Demokraten, russ.:) Ateizm russkich revoljucionerov-demokratov. Moskau 1955. 148 S. III Ea 13606

Rovinskij,E.A.: (Der Kampf des französischen Volkes für Frieden, Unabhängigkeit und Fortschritt, russ.:) Bor'ba francuzskogo naroda za mir,nezavisimost' i progress. Moskau 1955. 39 S. III Ea 12600

Schönke,A.: Einführung in die Rechtswissenschaft. 6.Aufl. Neu bearb.u.erg.von W.Schrade. Karlsruhe 1955. 275 S. II Ea 13863

Schult,W.: Der Begriff der Rechtsquellen. Gesetze,Gewohnheitsrecht,Verordnungen,Satzungen,Vereinbarungen. Lübeck 1955. 30 S. II Ea 13931

Semenov,P.G.: (Die marxistisch-leninistische Lehre über die Form des sozialistischen Staates, russ.:) Marksistsko-leninskoe učenie o forme socialističeskogo gosudarstva. Moskau 1955. 73 S. III Ea 12975

Die Bedeutung des sozialistischen Rechts der DDR für den wirtschaftlichen Aufbau. Protokoll der Rechtswissenschaftlichen Konferenz der Deutschen Akademie für Staats- und Rechtswissenschaft "Walter Ulbricht" vom 2.bis 4.März 1956. Berlin 1956. 348 S. I Ea 13969

Die marxistisch-leninistische Theorie des Staates und des Rechts. Leitfaden Teil 1.2. Hrsg.H.Kleyer. Berlin 1956. T.1: 114 S. T.2: 138 S. I Ea 13901

Stadtmüller,G.: Das Naturrecht im Lichte der geschichtlichen Erfahrung. Recklinghausen 1948. 74 S. II Ea 13802

Strauss,L.: Natural Right and history. Chicago 1953. 327 S. V Ea 13213

Szabó,I.: (Die Staats- und Rechtsphilosophie der Bourgeoisie in Ungarn, ung.:) A burzsoa állam- és jogbölcselet magyarországon. Budapest 1955. 533 S. IV Ea 13387

Szabo,I.: (Die bürgerliche Philosophie des Staates und des Rechts in Ungarn, russ.:) Buržuaznaja filosofija gosudarstva i prava v Vengrii. Budapest 1955. 20 S. IV Ea 12926

Tkačenko,Ju.G.: (Die Normen des sowjetischen sozialistischen Rechts und ihre Anwendung, russ.:) Normy sovetskogo socialističeskogo prava i ich primenenie. Moskau 1955. 64 S. III Ea 13447

Turtschins,J.B.: Die Verschärfung der ungleichmäßigen Entwicklung des Kapitalismus durch den zweiten Weltkrieg.(Aus dem Russ.übers.) Berlin 1956. 360 S. I Ea 13407

Verdier, J.M.: Les droits éventuels. Contribution á l'étude de la formation successive des droits. Paris 1955. 353 S. V Ea 13805

Wolf, E.: Rechtsphilosophie der Sokratik und Rechtsdichtung der alten Komödie. Frankfurt/M 1954. 336 S. II Ea 4760

Zawadski, S.: Einige Probleme der Entwicklung der Volksrevolution in Polen. Berlin 1956. 44 S. I Ea 13847

3. Geschichte des Staates und des Rechtes

Die Klassiker des wissenschaftlichen Kommunismus zur deutschen Arbeiterbewegung. Von den Anfängen der Arbeiterbewegung bis 1895. Hrsg. von E. Engelberg. Berlin 1955. 224 S. I Ea 13368

Bauer, R.: Die 2. Internationale < 1889 bis 1914 >. Berlin 1956. 63 S. I Ea 13617

Bereznjakov, N.V.: (Die revolutionäre und nationale Befreiungsbewegung in den Donau-Fürstentümern im Jahre 1848-1849, russ.:) Revoljucionnoe i nacional'no-osvoboditel'noe dviženie v dunajskich knjažestvach v 1848-1849 g. Kisinev 1955. 116 S. III Ea 13060

Bianchi, L.: (Die gerichtliche Verfolgung der Arbeiterbewegung in der Slowakei, tsch.:) Súdna perzekúgia robotnickeho hnutia na Slovenská. Bratislava 1955. 140 S. IV Ea 12876

Bondar', N.N.: (Über die Warenproduktion unter den Bedingungen der Sklaverei, russ.:) O tovarnom proizvodstve v uslovijach rabovladel'českoj formacii. Kiev 1955. 34 S. IV Ea 13379

Cachin, M.: Die Pariser Kommune 1871. (Aus dem Russ. übers.) Berlin 1956. 19 S. I Ea 13562

Erman, L.: (Die Beteiligung der demokratischen Intelligenz an der Streik- und Gewerkschaftsbewegung in den Jahren von 1905-1907, russ.:) Učastie demokratičeskoj intelligencii v stačečnom i profsojuznom dviženii 1905-1907 gg. Moskau 1955. 54 S. III Ea 13457

Ernstberger, A.: Eine deutsche Untergrundbewegung gegen Napoleon 1806/1807. München 1955. 130 S. II Ea 13813

Fan'Ven'-Lan': (Die neue Geschichte Chinas. Bd. 1. 1840-1901, russ.:) Novaja istorija Kitaja. T. 1, 1840-1901. (Aus dem Chines. übers.) Moskau 1955. 600 S. III Ea 13780

Jakobiner und Sansculotten. Beiträge zur Geschichte der französischen Revolutionsregierung 1793-1794. Hrsg. W. Markov. Berlin 1956. 234 S. I Ea 13637

(Die neueste Geschichte der Länder des ausländischen Ostens, Bd 2, russ.:) Novejsaja istorija stran zarubežnogo vostoka. Vyp. 2. Moskau 1955. 287 S. III Ea 13245

Akademija nauk SSSR. Institut istorii. (Historische Aufzeichnungen, russ.:) Istoričeskie zapiski. Moskau 1955. 474 S. III Eb 330

Kaser,M.: Das römische Privatrecht. Abschnitt 1: Das altrömische, das vorklassische und klassische Recht. München 1954. 651 S.
II Ea 13498

Kazakova,N.A.;Ja.S.Lur'e: (Die antifeudalen,ketzerischen Bewegungen in Russland, 14.-16.Jahrhundert, russ.:) Antifeodal'nye ereticeskie dvizenija na Rusi, XIV - XVI veka. Moskau 1955. 544 S.
III Eb 333

Klíma,A.: (Das Manufakturzeitalter in Böhmen, tschech.:) Manufakturní období v čecnách. Prag 1955. 523 S. IV Ea 13587

Kotow,W.N.: Die Kiewer Rus. Die Vereinigung der russischen Gebiete um Moskau. (Aus dem Russ.übers.) Berlin 1956. 30 S.I Ea 13400

Lapicki,B.: (Die Rechtsanschauungen der römischen Sklaven und Proletarier, poln.:) Poglady prawne niewolników i proletariuszy rzymskich. Łodz 1955. 241 S. IV Eb 334

Luck,H.: Zur ökonomischen Lehre des J.H.v.Thünen. Zur Entstehung der kapitalistischen Junkerwirtschaft in Mecklenburg. Berlin 1956. 184 S. I Ea 13824

Matern,H.: Deutschland in der Periode der relativen Stabilisierung des Kapitalismus 1924 bis 1929. Der Kampf des deutschen Proletariats unter Führung der KPD gegen das Wiedererstarken des deutschen Imperialisnus. Berlin 1956. 60 S. I Ea 13410

Matern,H.: Deutschland in der Periode der Weltwirtschaftskrise 1929 bis 1933. Der Kampf der KPD um die Aktionseinheit der Arbeiterklasse gegen die Gefahr des Faschismus und des Krieges. Berlin 1956. 56 S. I Ea 13409

Akademija nauk SSSR. Institut istorii.(Das Mittelalter. Bd 7,russ Srednie veke Vyp.7. Moskau 1955. 405 S. III Eb 194

Norden,A.: Das Banner von 1813. 3.überarb.Aufl. Berlin 1955. 66 S. I Ea 13181

Der alte Orient.Hrsg.von W.W.Struwe. (Aus dem Russ.übers.:) Berlin 1955. 463 S. I Ea 11226

Petri,F.: Zum Stand der Diskussion über die fränkische Landnahme u.d.Entstehung d.germanisch-romanischen Sprachgrenze. Sonderausg. Darmstadt 1954. 116 S. II Ea 13744

Pjaskovskij,A.: Die erste < Tammerforsser > Konferenz der RSDRP, russ.:) Pervaja < Tammerforsskaja > Konferencija der RSDRP. Moskau 1955. 47 S. III Ea 13455

Pietrazak-Pawowska, I.: (Das Polnische Königreich und die Anfänge des Imperialismus 1900-1905, poln.:) Krolestwo polskie w poozatkach imperializmu 1900-1905. Warschau 1955. 489 S.
IV Ea 13436

(Die Revolution in den Jahren von 1905 bis 1907 in der Ukraine. Sammlung von Dokumenten und Materialien.Bd 1.2,T.1.2, russ.:) Revoljucija 1905-1907 gg. na Ukraine. Sbornik dokumentov i materialov. Bd 1.2, T.1.2. Kiev 1955. Bd 1: 797 S. Bd 2, T.1: 937 S. Bd,T.2: 356 S.

Rusiński, W.: (Die Lage der polnischen Arbeiter während des Krieges 1939-1945 im Reich und in den "eingegliederten Gebieten", poln.:) Położenie robotników polskich w czasie wojny 1939-1945 na terenie rzeszy i "obszarów wcielonych". Cz.2. Posen 1955. 325 S. IV Ea 13438

Schilfert, G.: Die Chartistenbewegung. Über die Anfänge der internationalen Arbeiterbewegung im 19.Jh. in England. Leipzig/Jena 1956. 37 S. I Ea 13622

Smirin, M.M.: Deutschland vor der Reformation. Abriß der Geschichte des politischen Kampfes in Deutschland vor der Reformation. (Aus dem Russ.übers.) Berlin 1955. 395 S. I Ea 13480

Smirin, M.M.: Die Volksreformation des Thomas Münzer und der grosse Bauernkrieg. (Aus dem Russ.übers.) 2.verb.u.erg.Aufl. Berlin 1956. 669 S. I Ea 13557

Spuler, B.: Die Mongolen in Iran. Politik, Verwaltung u.Kultur d. Ilchanzeit 1220-1350. 2.erw.Aufl. Berlin 1956. 579 S. I Ea 13291

(Allgemeine Geschichte des Staates und des Rechtes. Eine Auswahl von Quellentexten, poln.:) Powszechna historia państwa i prawa. Wybór tekstów źródłowych. Warschau 1955. 287 S. IV Ea 13789

Štamm, S.I.: (Das Gesetzbuch des Jahres 1497, russ.:) Sudebnik 1497 goda. Moskau 1955. 110 S. III Ea 12922

Stern, L.: Martin Luther und Philipp Melanchthon - ihre ideologische Herkunft und wissenschaftliche Leistung. Berlin 1956. 118 S. I Ea 13772

Ullmann, E.: 50 Jahre Kampf der deutschen Arbeiterjugend gegen Imperialismus und Krieg. Leipzig, Jena 1955. 46 S. I Ea 13481

Vebr, L.: (Der Aufstand in Most, tschech.:) Mostecká stávka 1932. Prag 1955. 405 S. IV Ea 13582

Novemberrevolution und Weimarer Republik. Von K.H.Leidigkeit (u.a.) Berlin 1956. 155 S. I Ea 13479

Wieacker, F.: Vulgarismus und Klassizismus im Recht der Spätantike. Heidelberg 1955. 64 S. II Ea 13850

Winzer, O.: Revolutionäre Traditionen des Kampfes der deutschen Arbeiterbewegung gegen Militarismus und Krieg. Berlin 1956. 47 S. I Ea 13554

Marx-Engels-Lenin-Stalin-Institut beim ZK der SED. C.Zetkin: Zu den Anfängen der proletarischen Frauenbewegung in Deutschland. Berlin 1956. 31 S. I Ea 13664

4. Völkerrecht, Aussenpolitik

Baginjan, K.A.: (Die Aggression ist das schwerste internationale Verbrechen, russ.:) Agressija-tjagčajšee meždunarodnoe prestuplenie. Moskau 1955. 126 S. III Ea 13607

Berber, J.F.: Die Rechtsquellen des internationalen Wassernutzungsrechts. München 1955. 206 S. II Ea 13870

Bin Cheng: General principles of law as applied by international courts and tribunals. London 1953. 490 S. V Ea 13476

Brandweiner, H.: Atomwaffen und Völkerrecht. Hrsg.vom Deutschen Friedensrat. Berlin 1955. 27 S. I Ea 13560

Freundschaftsbesuch einer Delegation der Regierung der Deutschen Demokratischen Republik in der Volksrepublik China, in der Koreanischen Volksdemokratischen Republik und in der Mongolischen Volksrepublik vom 8.-28.Dez.1955. Hrsg.vom Presseamt d.Deutschen Demokratischen Republik. Berlin 1956. 95 S. I Ea 13658

Ehrenburg, I.: (Der Wille der Völker, rumän.:) Vointa popoarelor. (Aus dem Russ.übers.) Bukarest 1954. 24 S. IV Ea 13102

Europa als Idee und Wirklichkeit. Vorträge von M.Müller, H.Friedrich, H.Thieme, A.Bergsträsser. Freiburg i.Br.1955. 80 S. II Ea 13732

Europäische Gemeinschaft für Kohle und Stahl, Hohe Behörde. Dritter Gesamtbericht über die Tätigkeit der Gemeinschaft. < 12.April 1954-10.April 1955 > Luxemburg 1955. 200 S. V Ea 9183

Europäisches Wiederaufbauprogramm. 2.Bericht d.Organisation f. europäische wirtschaftliche Zusammenarbeit (OEEC.) Dt.Fassg. Hrsg.: Bundesministerium f.d.Marshallplan. Bonn, April 1950. Stuttgart, Köln 1950. 179 S. II Eb 326

Der Europäische Wirtschaftsrat in Paris. (OEEC.) 2.und 3.Bericht an den Europarat. Hrsg.vom Bundesministerium für den Marshallplan. Bonn 1952. 2.Bericht: 32 S. 3.Bericht: 84 S. II Ea 11736

Der Europäische Wirtschaftsrat in Paris (Organisation für europäische wirtschaftliche Zusammenarbeit) OEEC und seine Bedeutung für die Bundesrepublik. Hrsg.vom Bundesministerium. Bonn(um 1952). 32 S. II Ea 13370

Die internationalen Beziehungen im Fernen Osten, 1870-1945. (Aus dem Russ.übers.) Gesamtred.d.russ.Ausg. J.M.Shukow. Berlin 1955. 647 S. I Ea 13636

Christliche Friedenskämpfer in aller Welt. Berlin 1956. 36 S. I Ea 13840

(Die Genfer Konventionen zum Schutze der Kriegsopfer vom 12.Aug. 1949, russ.:) Ženevskie konvencii o zaščite žertv vojny ot 12 avgusta 1949 goda. Moskau 1954. 218 S. III Ea 12953

Grenfell, R.: Bedingungsloser Hass. Die deutsche Kriegsschuld und Europas Zukunft.(Aus dem Engl.übers.) Tübingen 1954. 281 S. II Ea 13752

Guggenheim, P.: Völkerrechtliche Schranken im Landesrecht. Karlsruhe 1955. 28 S. II Ea 13803

Handke, G.: Die Konferenz der Aussenminister in Genf vom 27.Okt. bis 16.Nov.1955. Berlin 1956. 39 S. I Ea 13503

Hardy,M.A.: (Gegenseitige Verträge über militärische Hilfe, russ.:) Dvustoronnie pakty o voennoj pomošči. (Aus dem Span. übers.) Moskau 1955. 147 S. III Ea 13456

Hinz,J.: Das Kriegsgefangenenrecht. Unter besonderer Berücksichtigung seiner Entwicklung durch das Genfer Abkommen vom 12.Aug. 1949. Berlin,Frankfurt/M.1955. 2o7 S. II Ea 1373b

Hoffmann,W.: Frei von Furcht? Der Weg in das goldene Zeitalter. Leipzig 1956. 111 S. I Ea 134o2

(Grundriss des internationalen öffentlichen Rechts, T.1, poln.:) Zarys prawa miedzynarodowego publicznego. T.1. Warschau 1955. 223 S. IV Ea 13614

Kejlin,A.D.: (Sowjetisches Seerecht, russ.:) Sovetskoe morskoe pravo. Moskau 1954. 394 S. III Ea 12954

Köhler,F.: Geheime Kommandosache. Aus den Dokumenten des Nürnberger Prozesses gegen die Hauptkriegsverbrecher. Berlin 1956. 191 S. I Ea 13525

Lachs,M.: (Abkommen mit Indochina. Genf 1954, poln.:) Układy indochińskie. Genewa 1954. Warschau 1955. 257 S. IV Ea 13247

Lachs,M.: (Die Genfer Vereinbarungen 1954 über Indochina, russ.:) Ženevskie soglašenija 1954 g. ob Indo-Kitae.(Aus dem Poln.übers.) Moskau 1956. 197 S. III Ea 136o2

Mac Nair, A.D.: The Law of the Air. 2.ed. London 1953. 500 S. V Ea 13475

Mineev,P.D.: (Die Jugend ist eine aktive Kraft der Volksbewegung für Frieden und Freundschaft, russ.:) Molodež'-aktivnaja sila dviženija narodov za mir i družbu. Moskau 1955. 47 S. III Ea 12654

Mirov,Ja.C.: (Die Atomenergie - für die Sache des Friedens, russ.:) Atomnuju energiju-dlja dela mina. Moskau 1955. 3o S. III Ea 1266o

Molčanov,N.N.: (Die Pariser Verträge- eine Gefahr für den Frieden, russ.:) Parižskie soglašenija- ugroza miru. Moskau 1955. 157 S. III Ea 12948

Nölle,W.: Der Kampf der Sowjetunion in den Vereinten Nationen für Frieden und internationale Zusammenarbeit. Jena 1955. 38 S. I Ea 13886

The Charter and judgment of the Nuernberg Tribunal. History and analysis. New York 1949. 99 S. V Ea 13745

Fünf vor zwölf. Womit uns die Pariser Verträge bedrohen.Hrsg. Ausschuß f.Deutsche Einheit. Berlin 1954. 12 Bl. I Ea 13367

Peck,J.: Zum völkerrechtlichen Status der Deutschen Demokratischen Republik. Berlin 1956. 43 S. I Ea 1396o

Pella,V.V.: La Guerre-crime et les criminels de guerre. Réflexions sur la justice pénale internationale,ce qu'elle est et ce qu' elle devrait etre. Genf,Paris 1946. 2o8 S. V Eb 325

Rau,H.: Meine Reise nach Indien und Ägypten. Berlin 1956. 31 S. I Ea 13411

Romanov,B.A.: (Skizzen zur Diplomatie des Russisch-Japanischen Krieges (1895-19o7), 2.Aufl. russ.:) Očerki diplomatičeskoj istorii russko-japonskoj vojny 1835-19o7. 2.izd. Moskau 1955. 695 S. III Eb 331

Soder, J.: Die Idee der Völkergemeinschaft. Francisco de Vitoria und die philosophischen Grundlagen des Völkerrechts. Frankfurt/M 1955. 143 S. II Ea 13550

Sottile,A.: Rappel à ceux qui préparent la guerre. (Ceux qui préparent la guerre ne sont pas ceux qui la font) Annexe: Bilan de la 2e guerre mondiale. Aus: Revue de Droit international,de sciences diplomatiques et politiques. 1949, Nr 2. Genf 1949. 22 S. V Ea 13362

Der Strassburgplan.Vorschläge für die Hebungen der wirtschaftlichen Beziehungen zwischen den Mitgliedstaaten des Europarates und den verfassungsmässig mit ihnen verbundenen überseeischen Ländern. Veröffentlicht vom Generalsekretariat d.Europarates. Strassburg 1952. Dt.Ausg. Hrsg.: Bundesministerium f.d.Marshallplan,Bonn 1953. Bonn 1953. 148 S. II Ea 13376

US participation in the UN. Report by the President to the Congress for the year 1953. Washington 1954. 277 S. V Ea 13363

Weinstein, A.: Keiner kann den Krieg gewinnen. Strategie oder Sicher heit? Bonn 1955. 68 S. II Ea 13463

5.Staatsrecht

Albrecht,G.: Zur gesellschaftlichen und staatlichen Entwicklung und zum Staatsaufbau in der Deutschen Demokratischen Republik. Materialsammlung. Berlin 1956. 32o S. I Ea 13485

Berezkin,A.V.: (Die kommunistische Partei -Inspirator und Organisator der Siege des Sowjetvolkes über die Intervenienten und Weissgardisten in den Jahren 1918-192o, russ.:) Kommunističeskaja partija - vdochnovitel'i organizator pobed sovetskogo naroda nad interventamy i belogvardejcami v 1918-192o gg. Moskau 1955. 47 S. III Ea 12658

Bergsträsser,L.: Geschichte der politischen Parteien in Deutschland. 8.u.9.völlig neubearb.Aufl. München 1955. 388 S. II Ea 13712

Bohm,W.: Der sozialistische Sowjetstaat- der demokratischate Staat der Welt. Berlin 1956. 23 S. I Ea 13395

Das Bonner Grundgesetz. Erl.von H.von Mangoldt. Nach d.Tode d. Verf.in 2.verm.Aufl.neu bearb.von F.Klein. Lfg 1. Berlin,Frankfurt/M. 1955. 352 S. II Ea 13865

Borisov,B.L.: (Die örtlichen Organe der Staatsgewalt- der europäischen Länder der Volksdemokratie, russ.:) Mestnye organy gosudarstvennoj vlasti evropejskich stran narodnoj demokratii. Moskau 1955. 131 S. III Ea 12923

Borisov,Ju.V.: (Die Lehren der Geschichte Frankreichs und die Gegenwart.,russ.:) Uroki istorii Francii i sovremennost'. Moskau 1955. 97 S. III Ea 13241

Borisov,S.: (Der siebente Kongress der RKP (B),russ.:) Sed'moj s-ezd RKP (b). Moskau 1956. 62 S. III Ea 13787

Brandt,W.: Was können wir zur Wiedervereinigung Deutschlands tun? Hrsg.v.d.Gewerkschaft d.Polizei. Hamburg 1955. 12 S. II Ea 13733

Buchwitz,O.: Brüder in eins nun die Hände. Berlin 1956. 324 S. I Ea 13558

Chruščev,N.S.: (Rechenschaftsbericht des Zentralkomitees der KPdSU an den 20. Parteitag, russ.:) Otcetnyj doklad central'nogo komiteta kommunističeskoj partii sovetskogo sojuza XX s-ezdu partii. Moskau 1956. 142 S. III Ea 12843

Čistjakov,O.I.: (Die gegenseitigen Beziehungen der Sowjetrepubliken vor der Bildung der UdSSR, russ.:) Vzaimootnošenija sovetskich respublik do obrazovanija SSSR. Moskau 1955. 149 S. III Ea 13603

Politische Grundschule. Die Deutsche Demokratische Republik-der erste Staat der Arbeiter und Bauern in der Geschichte Deutschlands- die Basis im Kampf um die nationale Wiedervereinigung Deutschlands. Berlin 1956. 128 S. I Ea 13568

(Gedenkstätten des Kampfes des tschechpslowakischen Volkes gegen den Faschismus,tsch.:) Památná místa boje československého lidu proti fašismu. Praha 1955. 407 S. IV Ea 13581

Foster, W.: Geschichte der Kommunistischen Partei der Vereinigten Staaten. (Aus dem Engl.übers.) Berlin 1956. 836 S. I Ea 13571

(Frankreich und die Trusts, russ.:) Francija i tresty. Moskau 1955. 486 S. III Ea 13573

Eschenburg,Th.: Die Herrschaft der Verbände? Stuttgart 1956. 87 S. II Ea 13482

Freizügigkeit von Menschen,Gütern, Kapital und die europäische Integration.Von Boden, Forberg, Schmölders, Schöne. Darmstadt 1954. 168 S. II Ea 13469

Ganšin,G.: (Die Chinesische Volksrepublik auf dem Wege der sozialistischen Industrialisierung, russ.:) Kitajskaja narodnaja respublika na puti socialističeskoj industrializacii. Moskau 1955. 190 S. III Ea 13458

Gheorghiu-Dej,Gh.: Rechenschaftsbericht des Zentralkomitees an den 2. Parteitag der Rumänischen Arbeiterpartei, am 23.Dezember 1955. Berlin 1956. 27 S. I Ea 13561

Gladkov,V.A.: (Die Strassenkomitees, russ.:) Uličnye < kvartal'nye > komitety. Moskau 1955. 31 S. III Ea 13596

Gorševeva, N.A.; A.N.Goršenev: (Der Oberste Sowjet der RSFSR, russ.:) Verchovnyj sovet RSFSR. Moskau 1955. 93 S. III Ea 12945

Jakovlev,A.: (Die Werksparteiorganisation, russ.:) Cechovaja partijnaja organizacija. Moskau 1955. 1o2 S. III Ea 13598

Jampolskaja,C.A.; E.V.Šorina: (Administrative Rechtsfragen zur Festigung der Staatsdisziplin, russ.:) Administrativno- pravovye voprosy ukreplenija gosudarstvennoj disciplinу. Moskau 1955. 182 S. III Ea 13451

Unmenschlichkeit. Tatsachen über Verbrecher der "Kampfgruppe gegen Unmenschlichkeit." Berlin 1955. 39 S. I Ea 13524

Kindelberger,A.: Zahlen zeigen den Aufstieg der Deutschen Demokratischen Republik. Berlin 1956. 131 S. I Ea 1353o

Koslow,S.N.: Die Bewaffnung der Armee - einer der ständig wirkenden Faktoren, die den Ausgang des Krieges entscheiden.(Aus dem Russ.übers.) Berlin 1956. 52 S. I Ea 13833

Lašin,A.: (Die örtlichen Organe der Staatsgewalt in der UdSSR, russ.:) Mestnye organy gosudarstvennoj vlasti v SSSR. Moskau 1955. 39 S. III Ea 12949

Laski,K.: Sozialistische Industrialisierung Volkspolens. Berlin 1956. 38 S. I Ea 13396

Lesnoj,V.M.: (Grundprinzipien der Organisation und Tätigkeit des sowjetischen Staatsapparates, russ.:) Osnovnye principy raboty sovetskogo gosudarstvennogo apparata. Moskau 1955. 73 S. III Ea 13448

Maslennikov,V.: (Die Mongolische Volksrepublik, russ.:) Mongol'skaja narodnaja respublika. Moskau 1955. 70 S. III Ea 13460

Morechina,G.G.: (Der Kampf der Kommunistischen Partei um die Wiederherstellung und die weitere Entwicklung der Volkswirtschaft in den Nachkriegsjahren,1946-195o, russ.:) Bor'ba kommunističeskoj partii za vosstanovlenie i dal'nejšee razvitie narodnogo chozjajstva v poslevoennyj period,1946-195o g. Moskau 1955. 39 S. III Ea 12638

Grundschulung der Funktionäre der revolutionären Gewerkschaftsbewegung. Für eine bessere Zusammenarbeit der Gewerkschaftsorganisationen mit den Nationalausschüssen. Prag 1954. 21 S. IV Ea 1297o

Neumayer,K.H.: Die Neugliederung des Bundesgebiets und das Land Baden. Tübingen 1955. 56 S. II Ea 13851

Opalek,K.: (Die grundsätzlichen Rechte und Pflichten der Bürger im Lichte der Verfassung der Volksrepublik Polen, poln.:) Podstawowe prawa i obowiazki obywatelskie w swietle konstytucii PRL. Warschau 1955. 148 S. IV Ea 13o63

Platkovskij,V.: (Die Arbeit der Partei für den Wohlstand des sowjetischen Volkes, russ.:) Zabota partii o blagosostojanii sovetskogo naroda. Moskau 1955. 61 S. III Ea 13o41

Polska Akademija Nauk. Komitet Nauk Prawnych. (Zehn Jahre Recht in Volkspolen,1944-1954, poln.:) Dziesieciolecie prawa polski ludowej,1944.1954 Warschau 1955. 382 S. IV Ea 13583

Schäfer,H.: Der Bundesrat. Köln,Berlin 1955. 137 S. II Ea 13534

Schön,O.: Der demokratische Zentralismus - das leitende Prinzip des Parteiaufbaus. Berlin 1956. 39 S. I Ea 13767

Selbmann,F.: Befreite Arbeit. Zehn Jahre volkseigene Betriebe. Berlin 1956. 28 S. I Ea 13827

Sellin, J.T.: Internal security and civil rights.Phildadelphia 1955. 19o S. Aus: The Annals of The American Academy of Political and Social Science. Vol.300. 1955, July. V Ea 13608

Širendyb, B.: Die Volksrevolution in der Mongolei und die Bildung der Mongolischen Volksrepublik (1921-1924), russ.:) Narodnaja revoljucija v Mongolii i obrazovanie Mongol'skoj Narodnoj Respubliki < 1921-1924 >. Moskau 1956. 156 S. III Ea 13782

(Der Staatliche Elektrifizierungsplan der RSFSR, russ.:)Plan elektrifikacii RSFSR. Moskau 1955. 659 S. III Eb 329

Sutockij,S.: (Lebensvolles Schaffen der Massen, russ.:) Živoe tvorčestvo mass. Moskau 1955. 61 S. III Ea 13442

Szczepański,S.; S.Slubowski: (Rechte und Pflichten der Vorsitzenden, Sekretäre und Mitarbeiter der Nationalräte in den Dorfgemeinschaften, poln.:) O prawach i obowiazkach przewodniczacych, sekretarzy i pracowników gromadzkich rad narodowych. Warschau 1955. 86 S. IV Ea 12812

Todorskij,Ju.V.: (Die ständigen Kommissionen der örtlichen Sowjets der Deputierten der Werktätigen, russ.:) Postojannye komissii mestnych sovetov deputatov trudjaščichsja. Moskau 1955. 185 S. III Ea 13356

Utenkov,A.J.: (Die Kommunistische Partei der Sowjetunion im Kampf um die vorfristige Erfüllung des 4.Fünfjahrplanes,der Wiederherstellung und weiteren Entwicklung der Volkswirtschaft der UdSSR, russ.:) Kommunističeskaja partija sovetskogo sojuza v bor'be za dosročnoe vypolnenie četvertogo pjatiletnego plana vosstanolenija i dal'nejšego razvitija narodnogo chozjajstva SSSR. Moskau 1955. 30 S. III Ea 13441

Veselý,J.: (Die Kommunistische Partei der Tschechoslowakei - die führende Macht des antifaschistischen und nationalen Befreiungskampfes, tsch.:) Komunistická strana Československa - vedoucí síla protifašistického a národně osvobozeneckého boje. Prag 1955. 28 S. IV Ea 13585

Vetoškin,M.: (Die Bolschewiki im Fernen Osten während der Revolution 19o5-19o7, russ.:) Bol'ševiki dal'šego vostoka v pervoj russkoj revoljucii. Moskau 1956. 278 S. III Ea 1379o

Vinogradov,V.A.: (Die sozialistische Vergesellschaftlichung der Produktionsmittel in der Industrie der UdSSR (1917-1918),russ.:) Socialističeskoe obobščestvlenie sredstv proizvodstva v promyšlennosti SSSR (1917-1918) Moskau 1955. 195 S. III Ea 136o5

Richtlinien des 20. Parteitages der KPdSU für den sechsten Fünfjahrplan zur Entwicklung der Volkswirtschaft der UdSSR in den Jahren 1956 bis 196o. Entwurf beim ZK d. KPdSU (Aus d.Russ.übers.) Berlin 1956. 92 S. I Ea 13399

Warburg,J.P.: Germany.Key to peace. London 1954.344 S.V Ea 13466

(Antworten auf Fragen der Werktätigen, russ.:) Otvety na voprosy trudjaščichsja. Moskau 1955. 63 S. III Ea 1336o

Die Wende in der privaten Wirtschaft. Eine Dokumentation. Hrsg. von der Parteileitung der CDU. Berlin 1956. 23 S. I Ea 13836

(Die Ergebnisse der Erfüllung der Wirtschaftspläne des Jahres 1954 in den Ländern der Volksdemokratie, Sammlung von Materialien. russ.:)Itogi vypolnenija chožjajstvennych planov 1954 g.v stranach narodnoj demokratii. Sbornik materialov. Moskau 1955. 113 S. III Ea 13454

Women in Latin America. Legal rights and restrictions. Women's Bureau U.S.Department of Labor. Washington 1948. 8 S. V Ea 12847

6.Verwaltungsrecht

Birman,A.M.: (Die Planung der Umlaufmittel, 2.Aufl.,russ.:) Planirovanie oborotnych sredstv. 2.izd. Moskau 1956. 230 S. III Ea 136o4

Hofmeister,W.: Interessenkollisionen nach deutscham Gemeindeverfassungsrecht. Göttingen 1955. 138 S. II Ea 13748

Kozlov,Ju.M.: (Die Entscheidung über Beschwerden und Eingaben der Werktätigen in den Organen der sowjetischen Staatsverwaltung, russ.:) Razrešenie žalob i zajavlenij trudjaščichsja v organach sovetskogo.-gosudarstvennogo upravlenija. Moskau 1955. 66 S. III Ea 12939

Lebedinskij,V.G.: (Die sowjetische Staatsanwaltschaft und ihre Tätigkeit auf dem Gebiet der allgemeinen Aufsicht, russ.:) Sovetskaja prokuratura i ee dejatelnost'v oblasti obščego nadzora. Moskau 1954. 154 S. III Ea 12683

Müller,M.A.: Die rechtliche Regelung des Grundwassers im Kanton Thurgau. Frauenfeld 1953. loo S.- Zürich, Jur.Fak.,Diss.vom 24. Jan.1953. V Ea 12959

Surén,F.: Über das Auskreisungsproblem. Stuttgart/Köln 1955. 85 S. II Ea 13763

(Die Verwaltungsakte im Rechtssystem der Volksrepublik Bulgarien, bulg.:) Administrativnite aktove v pravnata sistema na narodna republika B-lgarija. Sofija 1952. 248 S. IV Ea 12942

Züst,E.: Ueber die Verantwortlichkeit der thurgauischen Behörden und Beamten. Winterthur 1954. 169 S.-Zürich,Jur.Fak.,Diss.vom 2o.Febr.1954 V Ea 12562

7.Finanz-,Steuer-und Preisrecht

Amberg,H.-U.: Grundsätze sozialistischer Finanzpolitik. Winterthur 1953. 89 S.- Zürich,Jur.Fak.,Diss.vom 29.Nov.1952
V Ea 12564

Birman,A.M.: Die Finanzen der Wirtschaftszweige der UdSSR.T.1. Industrie. Berlin 1956. 269 S. I Ea 13838

(Finanzrecht,poln.:) Prawo finansowe. Praca zbiora. Pod red. L.Kurowskiego. Warschau 1955. 590 S. IV Ea 13584

Graf,A.: Die Revision rechtskräftiger Steuerentscheide zugunsten des Steuerpflichtigen. Winterthur 1953. 14o S.-Zürich,Jur. Fak.,Diss.vom 11.Juli 1953 V Ea 12589

Der Europäische Wirtschaftsrat in Paris (OEEC).Finanzielle Stabilität und Bekämpfung der Inflation. Ein Bericht der OEEC.Dt.Fassung. Hrsg.vom Bundesministerium für den Marshallplan. Bonn 1952. 179 S. II Ea 13372

Bank for international settlements. 19.annual report. 1st april 1948 - 31st march 1949. Basel 1949. 528 S. V Eb 725

Investitionen in den afrikanischen Gebieten südlich der Sahara. OEEC. Hrsg. Europäischer Wirtschaftsrat in Paris. Bonn 1951. 1o6 S. II Ea 13371

Innereuropäische Investitionen. Eine Studie der OEEC. Bonn 1952. 80 S. II Ea 13375

Kobler,M.: Der Begriff der Steuerbelastung und die Methoden ihrer Messung.-Frick 1954. 117 S.-Zürich,Jur.Fak.,Diss.vom 25.Jan.1954
V Ea 12567

Konstantinopol'skij,J.: (Unsere Erfahrungen mit Arbeiten über Staatseinkünfte, russ.:) Naš opyt raboty po gosudarstvennym dochodam. Moskau 1955. 81 S. III Ea 13781

Mazurek,S.;A.Wanatowski: (Wie sind die staatlichen Wirtschaftsversicherungen in Anspruch zu nehmen. Kurzer Leitfaden für Landwirte, poln.:) Jak korzystać z państwowych ubezpieczeń gospodarczych. Warschau 1955. 62 S. IV Ea 1282o

Steuerterminkalender 1956. Uebersicht über die Fälligkeitstermine sämtlicher Bundes - und Landessteuern. Frankfurt/M.1955. 14 S.
II Ea 12871

Sulzer, C.: Der Finanzhaushalt des Kantons Zürich 1848-19oo. Bülach 1954. 159 S.- Zürich,Jur.Fak.,Diss.vom 29.Mai 1954
V Ea 12571

Weralski,M.: (Der Staatshaushaltsplan der Volksrepublik Polen, poln.:) Budžet Polskiej Rzeczypospolitij Ludowej. Warschau 1955. 77 S. IV Ea 13579

8.Kolchosrecht,Bodenrecht,Landwirtschaftliche Produktionsgenossenschaften

Alekseeva,R.: (Der unteilbare Fonds im Kolchos, russ.:) Nedelimyj fond v kolchoze. Moskau 1955. 55 S. III Ea 13445

Dembo,L.I.: (Die Bodenrechtsverhältnisse in der antogonistischen Klassengesellschaft, russ.:) Zemel'nye pravootnošenija v klassovo-antogonističeskom obščestve. Leningrad 1954. 222 S. III Ea 12951

Erofeev,V.: (Der Schutz des kollektivwirtschaftlichen Eigentums, russ.:) Ochrana kolchoznoj sobstvennosti. Moskau 1954. 39 S. III Ea 12930

Grigor'ev,S.T.: (Die Rechte und Pflichten der Revisionskommissionen der Kollektivwirtschaften, russ.:) Prava i objazannosti revizionnych komissij kolchozov. Moskau 1955. 4o S.III Ea 12974

Koskin,V.N.: (Der Kampf der KPDSU und die Erhöhung der organisatorischen Rolle der MTS in der Entwicklung der kollektivwirtschaftlichen Produktion in den Jahren 1946-1955, russ.:) Bor'ba Kommunističeskoj partii Sovetskogo Sojuza za povyšenie organizujuščej roli MTS v razvitii kolchoznogo proizvodstva, 1946-1955 g. Moskau 1956. 47 S. .III Ea 12912

Kotov,G.G.: (Die Agrarverhältnisse und die Bodenreform in Deutschland, russ.:) Agrarnye oknošenija i zemel'naja reforma v Germanii. Moskva 1956. 468 S. III Ea 13778

4.Konferenz der Vorsitzenden und Aktivisten der Landwirtschaftlichen Produktionsgenossenschaften vom 9.bis 11.Dez.1955 in Leipzig. Hrsg.vom Ministerium für Land- und Forstwirtschaft d.DDR. HA.Landwirtschaftliche Produktionsgenossenschaften. Berlin 1956. 424 S. I Ea 13529

Pjatnickij,P.P.: (Die Vertragsverhältnisse zwischen der MTS und den Kolchosen, russ.:) Dogovornye otnošenija MTS s kolchozami. Moskau 1955. 92 S. III Ea 1292o

Rogoziński,Z.: (Über die statistische Methode gesellschaftlicher Forschung am Beispiel der Kollektivität der Bauernwirtschaften in Polen, poln.:) Z metodyki statystycznej badań społecznych. Lodz 1955. 119 S. IV Eb 733

Woronowitsch,A.: Das Agrarprogramm der KPdSU und seine Verwirklichung in der Sowjetunion. (Aus d.Russ.übers.) Berlin 1956. 119 S. I Ea 13521

9.Strafrecht,Strafprozeß

Althaus, P.: Die Todesstrafe als Problem der christlichen Ethik. München 1955. 35 S. II Ea 138o9

Bažanov,M.I.:(Die Änderung der Beschuldigung und Anklage im sowjetischen Strafprozeß, russ.:) Izmenenie obvinenija sovetskom ugolovnom processe. Moskau 1954. 55 S. III Ea 1294o

Brajnin,Ja.M.: (Das sowjetische Strafrecht, allgemeiner Teil, russ.:) Sovetskoe ugolovnoe pravo, Obščaja čast. Kiev 1955. 2o5 S. III Ea 13572

Brinkmann,W.: Vom Sinn der Strafe. Lüdenscheid 1955. 40 S. II Ea 13814

Bruns,H.J.: Der untaugliche Täter im Strafrecht. Karlsruhe 1955. 42 S. II Ea 138o4

Buchholz,E.; R.Hartmann;R.Herrmann: Anklagepolitik und Strafverfahren in Westdeutschland. Berlin 1956. 70 S. I Ea 13955

Čecharin, E.M.: (Begründung und Bestimmung für die Berufung des Urteils, russ.:) Osnovanija i porjadok obžalovanija prigovora. Moskau 1955. 31 S. III Ea 13580

Historical survey of the question of International Criminal Jurisdiction. (Memorandum submitted by the Secretary-General). New York 1949. 147 S. V Ea 13746

Gercenzon,A.A.: (Der Begriff des Verbrechens im sowjetischen Strafrecht, russ.:) Ponjatie prestuplenija v sovetskom ugolovnom prave. Moskau 1955. 53 S. III Ea 12944

Neue Wege zur Bekämpfung der Jugendkriminalität. Beiträge zur Durchführung d.Jugendgerichtsgesetzes d.Deutschen Bundesrepublik v.4.Aug.1953. Wiedergabe d.Verhandlungen d.9.Deutschen Jugendgerichtstages in München am 8.u.9.Okt.1953. Köln 1955. 257 S. II Ea 13812

Kempisty,H.: (Die Methodik und Arbeitstechnik des Richters in Strafprozessen, poln.:) Metodyka pracy sedziego w sprawach karnych. Warschau 1955. 284 S. IV Ea 13600

Kielwein,G.: Die Straftaten gegen das Vermögen im englischen Recht. Bonn 1955. 226 S. II Ea 13758

Die Kriminalität in den Jahren 1952 und 1953. Hrsg.:Statistisches Bundesamt-Wiesbaden. Stuttgart,Köln 1955. 54 S. II Eb 336

Kühlig,G.: Die Zerstörung der Gesetzlichkeit auf dem Gebiete des strafrechtlichen Staatsschutzes durch Theorie und Praxis in Westdeutschland. Halle 1955. 283 S. Halle-Wittenberg, Jur, Fak.,Diss.v.27.Okt.1955 I Eb 724

Mezger,E.: Das Typenproblem in Kriminologie und Strafrecht. München 1955. 3o S. II Ea 1381o

Moser,W.: Die Beschimpfung nach schweizerischem Strafrecht. Zürich,Jur.Fak.,Diss.vom 21.Febr.1953 V Ea 12961

Müller,W.: SOS - Jugend in Not. Bemerkenswerte Jugendkriminalfälle aus der Bundesrepublik. Ratingen 1955. 159 S. II Ea 13552

Nikiforov,B.: (Der strafrechtliche Schutz des persönlichen Eigentums in der UdSSR, russ.:) Ugolovno-pravovaja ochrana ličnoj sobstvennosti v SSSR. Moskau 1954. 155 S. III Ea 12937

Pavlov,S.: (Die Strafrechtsprechung der Volksrepublik Bulgarien, russ.:) Ugolovnoe pravosudie Narodnoj Respubliki Bolgarii. Moskau 1954. 3ol S. III Ea 12929

Perlov,I.D.: (Die gerichtliche Untersuchung im sowjetischen Strafprozeß, russ.:) Sudebnoe sledstvie v sovetskom ugolovnom processe. Moskau 1955. 247 S. III Ea 12947

Sergeeva,T.L.: (Das sowjetische Kriminalrecht im Kampf gegen Mißwirtschaft und Verschwendungssucht, russ.:) Sovetskoe ugolovnoe pravo v bor'be s beschozjajstvennost'ju i rastočitelstvom. Moskau 1955. 229 S. III Ea 1345o

Sergeeva,T.L.: (Der strafrechtliche Schutz des sozialistischen Eigentums in der UdSSR, russ.:) Ugolovno-pravovaja ochrana socialističeskoj sobstvennosti v SSSR. Moskau 1954. 154 S. III Ea 12936

Westhoff,U.: Über die Grundlagen des Strafprozesses mit besonderer Berücksichtigung des Beweisrechts. Berlin 1955. 173 S. II Ea 13927

lo.Kriminalistik,Gerichtliche Medizin

(Fragen der gerichtsmedizinischen Gutachten, russ.:) Voprosy sudebno-medicinskoj ekspertizy. Sbornik statej. Moskau 1955. 366 S. III Ea 13611

Pfanne,H.: Die Schriftexpertise und ihre Bedeutung für die Rechtsprechung. Rudolstadt 1954. 177 S. I Ea 13486

11.Gerichtsverfassung (einschließlich Staatsanwaltschaft, Notariat,Anwaltschaft)

Bažanov,M.I.: (Zeugen,ihre Rechte und Pflichten in der sowjetischen Gesetzgebung, russ.:) Svideteli,ich prava i objazannosti po sovetskomu ugolovno-processualnomu zakonodatel'stvu. Moskau 1955. 35 S. III Ea 13446

Berezovskaja,S.G.: (Die Aufsicht der Staatsanwaltschaft in der sowjetischen Staatsverwaltung, russ.:) Prokurorskij nadzov v sovetskom gosudarstvennom upravlenii. Moskau 1954. 1o5 S. III Ea 1o747

Bordonov,S.A.: (Das Volksgericht - der Hüter des sozialistischen Eigentums, russ.:) Narodnyj sud na straže socialističeskoj sobstvennosti. Moskau 1954. 3o S. III Ea 12928

Gorsenin,K.P.: (Das sowjetische Gericht, russ.:) Sovetskij sud. Moskau 1954. 74 S. III Ea 12933

Lebedinskij,V.G.: (Die Organisation der Arbeit der sowjetischen Staatsanwaltschaft, tsch.:) Organisace práce sovětské prokuratury. Prag 1955. 144 S. IV Ea 12967

Über die Rechtsanwaltschaft in der Volksdemokratie. Hrsg: Ministerium der Justiz der DDR. Berlin 1956. 36 S. I Ea 13828

12.Freiwillige Gerichtsbarkeit

Keine Eingänge

13.Vertragssystem - Arbitrage

Aleksandrov-Dol'nik, M.K.: (Streitigkeiten, die aus den Rechtsverhältnissen der Parteien während des Eisenbahnfrachttransports entstehen, russ.:) Spory vytekajuščie iz pravootnošenij storon v železnodorožnych gruzovych operacijach. Moskau 1955. 237 S. III Ea 13244

Vasilev, I. (Die rechtlichen Probleme des staatlichen Volkswirtschaftsplanes.-Zur Theorie der Planverträge, bulg.:) Pravni problemi na d-ržavnija narodostopanski plan. K-m teorijata na planovite dogovori. Sofija 1951. 271 S. IV Ea 12955

14.Zivilrecht - Zivilprozeß

Ardinay, B.H.: Die Arrestprosequierung nach schweizerischem Recht. Winterthur 1954. 59 S.-Zürich, Jur.Fak., Diss.vom 19.Juni 1954 V Ea 12963

Betti, E.: Teoria generale delle obbligazioni. Vol.1-4 4 Bde. Mailand 1955. V Ea 13898

Biefeld, C.: Die Formen des Wohnungseigentums in ihrer gesellschaftlichen Bedeutung und Funktion im Kapitalismus. Halle 1955. 157 S. Halle-Wittenberg, Jur.Fak., Diss.von 1955 I Eb 728

Bürgerliches Gesetzbuch nebst Einführungsgesetz. Begr.von T. Soergel. Bearb.von Bauer. 8.neu bearb.Aufl. Bd 3: Sachenrecht, Familienrecht und Erbrecht §§ 854-2385. Köln, Stuttgart 1955. Getr.Pag. II Ea 13797

Chalfina, R.O.: (Das persönliche Eigentumsrecht der Bürger der UdSSR, russ.:) Pravo ličnoj sobstvennosti graždan SSSR. Moskau 1955. 180 S. III Ea 12934

Čecharin, E.M.: (Begründung und Bestimmung für die Berufung des Urteils, russ.:) Osnovanija i porjadok obžalovanija prigovora. Moskau 1955. 31 S. III Ea 13580

David, R.: Traité élémentaire de droit civil comparé. Introduction a l'étude des droits étrangers et à la methode comparative. Paris 1950. 556 S. V Ea 13739

Diester, H.: Der Eigentumsgedanke in der Wohnungswirtschaft und die neuesten Erfahrungen mit dem Wohnungseigentumsgesetz. Köln 1955. 135 S. II Ea 13474

Hübner, H.: Der Rechtsverlust im Mobiliarsachenrecht. Ein Beitrag zur Begründung und Begrenzung des sachenrechtlichen Vertrauensschutzes, dargest.an der Regelung nach §§ 932 ff BGB. Erlangen 1955. 152 S. II Ea 13801

Kamer,P.: Die Deckung von Neutralitätsverletzungsschäden an Sachen unter vorwiegender Berücksichtigung der gegen Feuer versicherten Objekte. Winterthur 1954. 117 S. Zürich,Jur.Fak.,Diss. vom 21.Febr.1953 V Ea 12965

Ludwiczak,W.: (Der Auftrag, poln.:) Umowa zlecenia. Poznan 1955. 168 S. IV Ea 13610

Maslov,V.F.: (Das persönliche Eigentumsrecht am Wohnhaus in der Stadt und in der Arbeitersiedlung, russ.:) Pravo ličnoj sobstvennosti na žiloj dom v gorde i rabočem poselke. Moskau 1954. 94 S. III Ea 12946

Novickij,I.B.: (Die Rolle des sowjetischen Zivilrechts bei der Durchführung der wirtschaftlichen Rechnungsführung und des Sparsamkeitsregimes, russ.:) Rol'sovetskogo graždanskogo prava v osuščestvlenii chozrasčeta i režima ekonomii. Moskau 1955. 2o5 S. III Ea 12924

Ostrouchova,V.M.;O.N.Finikowa: (Gerichtliche Prüfung des Wohnungswesens, russ.:) Rassmotrenie graždanskich žiliščnych del v sude. Moskau 1955. 126 S. III Ea 13258

Pučinskij,V.K.: (Die Parteianerkenntnis im sowjetischen Zivilprozeß, russ.:) Priznanie storony v sovetskom graždanskom processe. Moskau 1955. 98 S. III Ea 12943

Redli,M,: Der Pflichtlagervertrag. Rapperswil 1953. 14o S. Zürich,Jur.Fak.,Diss.von 1947 V Ea 12962

Roos,G.: Recht und Praxis des Abzahlungsgeschäftes im Wortlaut des Gesetzes betr.die Abzahlungsgeschäfte. Berlin (um 1950). 16 S. II Ea 13861

Deutsches Institut für Rechtswissenschaft. Das Zivilrecht der Deutschen Demokratischen Republik. Sachenrecht.Von G.Dornberger u.a. Berlin 1956. 333 S. I Ea 7731

Sevilla, K.: Eigentumsübergang an beweglichen körperlichen Gegenständen bei internationalen Käufen. Freiburg/Schweiz 1954. 95 S. V Ea 13753

Stoker,D.: Die gerichtliche Durchsetzung des Erbteilungsanspruches. Schaffhausen 1954. 79 S. - Zürich,Jur.Fak.,Diss.vom 28. Nov.1953 V Ea 12958

Tolstoj,Ju.K.: (Der Inhalt und der zivilrechtliche Schutz des Eigentumsrechts in der UdSSR, russ.:) Soderžanie i graždanskopravovaja zaščita prava sobstvennosti v SSSR. Leningrad 1955. 217 S. III Ea 12977

Walder,H.U.: Die Stellung des Augenscheingerichtes im glarnerischen Zivilprozessrecht. Zürich 1954. 211 S.- Zürich,Jur.Fak., Diss.vom 2o.Juni 1953 V Ea 12576

Wohnungseigentum und Dauerwohnrecht mit Durchführungsbestimmungen und Musterverträgen für die Anwendung der Praxis,erl.von H.Bökelmann u. H.Schale. Köln 1951. 176 S. II Ea 13030

Sverdlovskij juridičeskij institut imeni A.J.Vyšinskogo. (Fragen des sowjetischen Zivilrechts und Zivilprozesses, russ.:) Voprosy sovetskogo graždanskogo prava i processa. Učenye zapiski.T.3. Moskau 1955. 2ol S. III Ea 13459

15.Handelsrecht,Wertpapierrecht,Urheber-und Erfinderrecht

Bayer,H.: Für und wider die Konsumgenossenschaften. Wien 1955. 19 S. V Ea 1375o

Budliger,H.: Das Recht des Aktionärs auf Anteil am Liquidationsergebnis. Zürich 1954. 1o9 S. Zürich,Jur.Fak.,Diss.v.8.Mai 1954 V Ea 12966

Simplification des formalités dans le commerce. Resolution du Conseil de la CCI ... Paris 1952. 24 S. V Ea 12864

Communauté européenne du charbon et de l'acier. Haute autorité. Rapport général sur l'activité de la communauté. (1o aout 1952-12 avril 1953). Luxemburg 1943. 112 S. V Ea 12850

Concurrence et ententes économiques. (Brochure No 162) Paris 1953. 24 S. V Ea 12857

Etapes vers la convertibilité. Déclaration du conseil de la CCI. A rapport du Sous-Comité. Paris 1953. 28 S. V Ea 12863

Les statistiques au service du détaillant. Resolution du Conseil de la CCI et Rapport de la Commission de la Distribution. Paris 1953. 25 S. V Ea 12866

Réglementations et liberté de la distribution. Résolution du conseil de la CCJ et rapport de la commission. Paris 1953. 39 S. V Ea 12856

Développement économique et capitaux privés. Déclaration du Conseil et Rapport du Rapporteur de la Commission des Placements á l'Etranger et du Développement Economique de la CCI. Paris 1953. 43 S. V Ea 12865

Chambre de Commerce Internationale. Entraves aux voyages. Rapport ... 17.Febr. 1953. Paris 1953. 16 S. V Ea 12862

Ezerskij,L.: (Die Kreditgewährung des Lieferanten für unterwegs befindliche Verrechnungsdokumente, russ.:) Kreditovanie postovščikov pod rasčetnye dokumenty v puti. Moskau 1955. 46 S. III Ea 13260

Geiger,W.: Grundgesetzliche Schranken für eine Kartellgesetzgebung. Köln,Berlin 1955. 24 S. II Ea 13533

Heinrichs,W.;H.Seidel;L.Bertullis: Der monopolistische Handel ein Instrument zur Sicherung maximaler Profite. Berlin 1956. 143 S. I Ea 13484

Huppert,W.: Die Preisbindung von Markenwaren im Gesetz gegen Wettbewerbsbeschränkungen. Berlin 1955. 54 S. II Ea 13551

Kaemmel, E.: Das Urheberrecht und das Verlagsrecht in der Deut schen Demokratischen Republik, in: Handbuch der demokratischen Presse. 1955, S.67-72. I Ea 11942

Zum Kartellproblem: Konsumgenossenschaften und Wettbewerbsordnung. Hamburg 1955. 27 S. II Ea 13760

Koeferli,R.: Die Nutzniessung an Wertpapieren unter besonderer Berücksichtigung der Nutzniessung an Aktien. Winterthur 1954. 83 S. Zürich,Jur.Fak.,Diss.vom 19.Juni 1954 V Ea 11920

Maurer,H.: Das Persönlichkeitsrecht der juristischen Person bei Konzern und Kartell. Aarau 1953. 160 S.-Zürich,Jur.Fak.,Diss. vom 28.Nov.1953 V Ea 12568

Menshinski,J.E.;R.G.Solodkin;J.S.Scherschnew: Der Aussenhandel der kapitalistischen Länder nach dem zweiten Weltkrieg.(Aus dem Russ.übers.) Berlin 1956. 142 S. I Ea 13526

La pratique des prix de vente imposés. Rapport de la Commission de la Distribution. Paris 1953. 23 S. V Ea 12867

Rasch,H.: Deutsches Konzernrecht. 2.,neubearb.Aufl. Köln 1955. 322 S. II Ea 13500

Reimer,D.: Persönliche und vergleichende Werbung in der deutschen und französischen Rechtsprechung. München,Köln,Berlin 1955. 169 S. II Ea 13539

Rittershausen,R.: Internationale Handels- und Devisenpolitik. 2. erw.u.neu bearb.Aufl. Frankfurt/M 1955. 528 S. II Ea 13933

Thorelli,H.B.: The federal antitrust Policy. Organisation of an American Tradition. Baltimore 1955. 658 S. V Ea 13462

Incoterms 1953.International rules for the interpretation of trade terms. Règles internationales pour l'interpretation des termes commerciaux. Paris 1953. 69 S. V Ea 12858

Les deux Libertés de l'usager des transports. Rapport prepare par la Commission des Usagers et adopté par le Conseil de la CCI. Paris 1953. 17 S. V Ea.12854

Taschenbuch des Urheberrechts. Hrsg.v.K.Haertel u.G. Schneider. Köln 1955. 634 S. II Ea 13737

16.Familienrecht

(Ehe und Scheidung,tsch .:) Manželství a rozvod. Prag 1955. 203 S. IV Eb 731

Schweizerisches Zivilgesetzbuch. Familienrecht. Abt.1: Das Eherecht.Lfg 1: Art. 159-177. Erl.von P.Lemp. 3.neu bearb.Aufl. Bern 1954. 173 S. V Ea 13361

Jahresversammlung der Gesellschaft für Sozialen Fortschritt e.V. Stuttgart - Bad Cannstadt 1955. Familie und Sozialreform.1.Vortrag, Ausschussbericht u.Aussprache.2. Drei Gutachten als Materialien zur Familienfrage.15.April 1955. Berlin 1955. 180 S.II Ea 13499

Leclercq,J.: Die Familie. Ein Handbuch.(Aus dem Französ.übers.) Freiburg 1955. 420 S. II Ea 13551

Sverdlov,G.M.: (Der Schutz der Interessen der Kinder im sowjetischen Familien- und Bürgerrecht, russ.:) Ochrana interesov detej v sovetskom semejnom i graždanskom prave. Moskau 1955. 157 S. III Ea 13575

17.Internationales Privatrecht

Gamillscheg,F.: Der Einfluß Dumoulins auf die Entwicklung des Kollisionsrechts. Berlin,Tübingen 1955. 268 S. II Ea 13929

Raape,L.: Internationales Privatrecht. 4.neubearb.Aufl. Berlin 1955. 671 S. II Ea 13756

Trammer,H.: Grundfragen des ausländischen Internationalen Zivilprozeßrechts, poln.:) Zarys problematyki miedzynarodowego procesu cywilnego państw obcych. Warschau 1955. 128 S. IV Eb 727

18.Arbeitsrecht

Das Bundesarbeitsgericht zum Arbeitskampfrecht.Der Beschluss des Grossen Senats vom 28.Jan.1955. Mit Stellungnahme von P.Hessel. Köln 1955. 47 S. II Ea 13473

Grundschulung der Funktionäre der revolutionären Gewerkschaftsbewegung. Sicherstellung eines ständigen Zustroms von Arbeitskräften auf die wichtigsten Abschnitte der Volkswirtschaft.(Aus dem Tschech.übers.) Prag 1954. 19 S. IV Ea 12971

Auerbach,W.: Mut zur sozialen Sicherheit. Die drei Möglichkeiten einer Sozialreform. Köln 1955. 48 S. II Ea 13472

Grundschulung der Funktionäre der revolutionären Gewerkschaftsbewegung. Die Sorge der Betriebsgewerkschaftsgruppe um die Gesundheit der Werktätigen. (Aus dem Tschech.übers.) Prag 1954. 34 S. IV Ea 12972

Eisser,G.: Mitbestimmung und Partnerschaft im Industriebetrieb, in: Reden bei der feierlichen Uebergabe des Rektorates zu Beginn des Sommersemesters am 6.Mai 1955. S.23-49. Tübingen 1955. II Ea 13800

Grosse,F.: Die historische Stunde des Unternehmers. Darmstadt 1954. 44 S. II Ea 13470

Jacobi, E.: Die Ausbildung und Qualifizierung der Arbeiter in den volkseigenen Betrieben der Deutschen Demokratischen Republik. Berlin 1956. 62 S. I Ea 13641

Kiselev,Ja.L.: (Die Arbeitsrechte der Mitglieder der Artels von Gewerbegenossenschaften, russ.:) Trudovye prava členov artelej promyslovoj kooperacii. Moskau 1955. 94 S. III Ea 12978

Klenner,F.: Die österreichische Gewerkschaftsbewegung. Wien 1955. 155 S. V Ea 13749

Koršunova,E.N.;A.S.Krasnopol'skij: (Das sowjetische Arbeitsrecht im Kampf um die Erhöhung der Arbeitsproduktivität, russ.:) Sovetskoe trudovoe pravo i voprosy proizvoditel'nosti truda. Moskau 1955. 162 S. III Ea 13453

Kranke,R.;F.Spangenberg;W.Böhm: Das Kündigungsrecht. Berlin 1956. 168 S. I Ea 13527

Kroeber-Keneth,L.: Frauen unter Männern. Grenzen und Möglichkeiten der arbeitenden Frau. Düsseldorf 1955. 224 S. II Ea 13255

Lyon-Caen,G.: Manuel de droit du travail et de la sécurité sociale. Paris 1955. 458 S. V Ea 13738

Ochsner,G.: Invalidenfürsorge und Invalidenversicherung in der Schweiz. Zürich 1954. 121 S. - Zürich,Jur.Fak.,Diss.vom 2o.Juni 1953 V Ea 1296o

Pašerstnik,A.E.: (Das Arbeitsrecht in den Ländern der Volksdemokratie, russ.:) Trudovoe pravo stran norodnoj demokratii. Moskau 1955. 137 S. III Ea 13785

Pašerstnik,A.E.: (Theoretische Fragen der Kodifizierung der Allunionsgesetzgebung über die Arbeit, russ.:) Teoretičeskie voprosy kodifikacii obščesojuznogo zakonodatel'stva o truda. Moskau 1955. 228 S. III Ea 12921

Pašerstnik, A.E.: (Die rechtliche Regelung der Arbeit in den kapitalistischen Ländern, russ.:) Pravovoe regulirovanie truda v kapitalističeskich stranach. Moskau 1955. 129 S. III Ea 12976

Schieckel,H.: Deutsche Sozialpolitik. München 1955. 224 S. II Ea 13811

Schmitz,W.G.: Kapitalbeteiligung des Arbeitnehmers am arbeitgebenden Unternehmen. Berlin,München 1955. 96 S. II Ea 13857

Schulz,W.;I.Noack: Das Urlaubsrecht. Berlin 1955. 117 S. I Ea 134o8

Staat,Wirtschaft,Gewerkschaft. Forderungen der Deutschen Angestellten-Gewerkschaft zur Wirtschafts- und Sozialpolitik. Hamburg 1955. 82 S. II Eb 335

Das Unfallhaftpflichtrecht. Gesamtdarst.von W.Wussow. 5.Aufl. Komm.Stand: 1.April 1954. Berlin,Köln 1954. 651 S. II Ea 13537

Wagner,R.: Der Arbeitsunfall. Seine Tatbestandsfeststellung und seine Beurteilung nach den Bestimmungen d.RVO,d.Rechtsprechung u.d.Schrifttums.3.Aufl. Berlin 1955. 459 S. II Ea 13536

Walter,B.: Arbeitsverhältnisse zur Probe und zur Aushilfe. Heidelberg 1955. 64 S. II Ea 13856

19.Sammelwerke

Verhandlungen des 41.Deutschen Juristentages in Berlin. Bd 1 (Gutachten).Halbbd 1.2. Tübingen 1955. Halbbd 1:292 S. Halbbd 2: 99 S. II Ea 13849

Monumentum Bambergense. Festgabe für Benedikt Kraft, Hrsg.H.Nottarp. München 1955. 674 S. II Ea 13852

Festschrift Guido Kisch. Rechtshistorische Forschungen.Anläßlich des 60.Geburtstages dargebr.v.Freunden, Kollegen u.Schülern. Stuttgart 1955. 322 S. II Ea 13759

Festschrift der Juristischen Fakultät der Freien Universität Berlin zum 41.Deutschen Juristentag in Berlin vom 7.-10.Sept.1955. Berlin 1955. 352 S. II Ea 13757

Europäische Zusammenarbeit im Rechtswesen. Berichte u.Vorschläge. Hrsg.von K.Zweigert. Tübingen 1955. 78 S. II Ea 13774

III. Sonstige Wissensgebiete

Geschichte

Belorussische SSR. 2.Aufl.(Aus dem Russ.übers.) Berlin 1955. 218 S. I Ea 13630

Collingwood,R.G.: Philosophie der Geschichte.(Aus dem Engl.übers.) Stuttgart 1955. 349 S. II Ea 13796

Akademija Nauk Latvijnskoj SSR. (Geschichte der Lettischen SSR, russ.:) Istorija latvijskoj SSR. Riga 1955. 620 S. III Ea 13576

(Probleme der Quellenforschung Bd.4.,russ.:) Problemy istočnikovedenija. T.4. Moskau 1955. 357 S. III Ea 13777

Sidorov,A.L.: Hauptprobleme und einige Entwicklungsergebnisse der sowjetischen Geschichtswissenschaft. Berlin 1955. 55 S. I Ea 13639

Volksrepublik Ungarn.2.Aufl. (Aus dem Russ.übers.) Berlin 1955. 183 S. I Ea 13629

Wenin,W.M.: Guatemala. (Aus dem Russ.übers.) Leipzig 1955. 78 S. I Ea 13397

Kulturgeschichte

Weltall,Erde,Mensch. Ein Sammelwerk zur Entwicklungsgeschichte von Natur und Gesellschaft. Unter d.Red.von G.Buschendorf (u.a.) 3.unveränd.Aufl. Berlin 1955. 403 S. II Eb 276

Moravcsik,G.: Die byzantinische Kultur und das mittelalterliche Ungarn. Berlin 1956. 29 S. I Ea 13768

IV.Sonstiges

Gramsci,A.: Briefe aus dem Kerker. (Aus dem Italien.übers.) Berlin 1956. 310 S. I Ea 13632

Weiglin,P.: Juristischer Spaziergang in Berlin. Berlin 1955. 126 S. II Ea 13497

D. ÜBERSETZUNGEN AUS DER ZEITSCHRIFT "SOVETSKOE GOSUDARSTVO I PRAVO" 1)

Aus der Zeitschrift "Sovetskoe gosudarstvo i pravo"(Sowjetstaat und Sowjetrecht),die im Deutschen Institut für Rechtswissenschaft laufend vollständig übersetzt wird,gingen in dieser Berichtszeit folgende Artikel ein:

Jg.1955,Heft 5 2)

Vovk,Ju.A.(Wowk,Ju.A.) Rezension des Buches "Fragen des Kolchosrechts". 12 S.

Jg.1955,Heft 7

Knapp, Viktor.: Einige aktuelle Fragen des Zivilrechts der Tschechoslowakischen Republik. 26 S.

Vachidov,Ch.P.(Wachidow,Ch.P.): Die politischen Anschauungen der Aufklärer der Völker Mittelasiens in der zweiten Hälfte des 19. Jahrhunderts. 23 S.

Vasilev,V.I.(Wasiljew,W.I.): Die Berichte der Deputierten der örtlichen Sowjets vor ihren Wählern. 21 S.

Bašmakov,G.S.(Baschmakow,G.S.): Besprechung des Buches von L.I. Dembo "Die Bodenverhältnisse in der antagonistischen Klassengesellschaft". 10 S.

Vil'njanskij,S.I.;M.V.Gordon (Wilnjanski,S.I.; M.W.Gordon): Über das Buch von M.I.Baru "Einzelne Arten von Verpflichtungen. Lehrbuch des sowjetischen Zivilrechts". 18 S.

Jg.1955,Heft 8

Žuravlev,V.G.(Shurawlow,W.G.): Rezension des Buches von D.S.Karev "Die Organisation des Gerichts und der Staatsanwaltschaft in der UdSSR". 16 S.

1) Die hier angezeigte Literatur ist gemäß der Benutzungsordnung der Bibliothek des Deutschen Instituts für Rechtswissenschaft für die Mitglieder des Deutschen Instituts für Rechtswissenschaft, Ministerien und zentrale Institutionen der Deutschen Demokratischen Republik und nach der Leihverkehrsordnung der Bibliotheken ausleihfähig.

2) Die Ordnung der Titel erfolgt entsprechend der Anordnung der Beiträge im Originalheft.

Jg.1956,Heft 1

Osnovin,V.S.(Osnowin,W.S.): Das Recht auf Anfrage der Deputierten der örtlichen Sowjets. 19 S.

Stepanenko,G.M.;J.G.Basin: Die Beschlüsse des Juli-Plenums des ZK der KPdSU und Fragen des sowjetischen Zivilrechts. 28 S.

Pankratov,I.F.(Pankratow,I.F.): Die rechtliche Stellung der leitenden Kader in den Kollektivwirtschaften. 25 S.

Vojtinovič,A.(Woitinowitsch,A.): Der Protest im Wege der Aufsicht in der Gesetzgebung der Rumänischen Volksrepublik. 17 S.

Die Tätigkeit der Vereinigung ungarischer Juristen. 8 S.

Jg.1956,Heft 2

Der 20. Parteitag der KPdSU und die Aufgaben der sowjetischen Rechtswissenschaft. 18 S.

Ananov,I.N.(Ananow,I.N.): Die Arbeit der Organe der Staatlichen Kontrolle auf dem Gebiet der Vervollkommnung des sowjetischen Staatsapparates ist zu verbessern. 22 S.

Studenikin,S.S.: Das Wesen und die Bedeutung der Staatsdisziplin in der sowjetischen Gesellschaft. 28 S.

Kiričenko, V.F.(Kiritschenko,W.F.): Über das Subjekt der Amtsverbrechen. 24 S.

Über den Plan der wissenschaftlichen Forschungsarbeit des Allunionsinstituts für Rechtswissenschaft für das Jahr 1956. 7 S.

Vyšinskaja, Z.A.(Wyschinskaja,S.A.): [Rezension] M.Schargorodskij: Fragen des allgemeinen Teils des Strafrechts.< Gesetzgebung und Gerichtspraxis.> - Leningrad 1955. 19 S.

E. 6.(20.) VERZEICHNIS DER IN DER BIBLIOTHEK DES DEUTSCHEN INSTITUTS FÜR RECHTSWISSENSCHAFT VORHANDENEN UNVERÖFFENTLICHTEN ÜBERSETZUNGEN[1)]

1. Gesetzesmaterialien und Dokumente (auch Verfassungen und Kurzkommentare)

1. Gesetz 1952: IV über Ehe, Familie und Vormundschaft.
2. Durchführungsverordnung. 39, 21 S.
Aus: Familiengesetz und andere Rechtsnormen zum Familienrecht, Mutter- und Kinderschutz. - Budapest 1953.
[Betr.Ungarn] ÜUn 169

2. Theorie des Staates und des Rechts

Veverka, Vladimir: Die Arbeitsberatung über die Formen des tschechoslowakischen Rechts. Pracovní porada o formách československého práva [dt.] 15 S.
Aus: Právník. 1955/9. ÜT 319

3. Geschichte des Staates und des Rechts

Boura, Ferdinand: "Russkaja Prawda", das radikale Revolutionsprogramm der Dekabristen. "Ruská Pravda" radikální revoluční program Děkabristu [dt.] 34 S.
Aus: Právník. 1955/10. ÜT 321

4. Geschichte der politischen Anschauungen

Keine Eingänge

5. Völkerrecht und Außenpolitik

Keine Eingänge

1) Die hier angezeigte Literatur ist gemäß der Benutzungsordnung der Bibliothek des Deutschen Instituts füe Rechtswissenschaft für die Mitglieder des Deutschen Instituts für Rechtswissenschaft, Ministerien und zentrale Institutionen der Deutschen Demokratischen Republik und nach der Leihverkehrsordnung der Bibliotheken ausleihfähig.-Verzeichnis 1 - 4 erschien hektographiert, Verzeichnis 5 - 14 ist enthalten im Mitteilungsblatt des Deutschen Instituts für Rechtswissenschaft 1953,Nr.1 - 1955,Nr. 3

6.Staatsrecht

Grzybowski,K.: Fragen des gegenwärtigen bürgerlichen Parlamentarismus. Z zagadnień współczesnego parlamentaryzmu burżuazyjnego [dt.] 58 S.
Aus: Państwo i prawo. 1955/4-5. ÜP 355

Pikler,Kornél: [Rezension.] Otto Koellreutter: Deutsches Staatsrecht. (Kritische Betrachtungen). Otto Koellreutter: Német államjog. (Kritikai ismertetés) [dt.] 19 S.
Aus: Állam és igazgatás. 1955/12. ÜUn 151

7.Verwaltungsrecht

Dallos, Ferenc: Einige Fragen der Lenkung der örtlichen Organe. A helyi vállalatok irányításának néhány kérdese [dt.] 9 S.
Aus: Állam és igazgatás. 1955/3-4.
[Betr. Ungarn] ÜUn 153

8.Finanzrecht

Horváth Zsikó,László: Die wichtigsten Probleme des ungarischen Finanzrechts. A magyar pénzügyi jog föbb kérdései [dt.] 11 S.
Aus: Állam és igazgatás. 1955/1-2. ÜUn 157

9.Kolchosrecht,Bodenrecht,Landwirtschaftliche Produktionsgenossenschaften

Földvári,József: Die Aufgaben beim strafrechtlichen Schutz der Produktionsgenossenschaften. A termelöszövetkezetek büntetöjogi védelmével kapcsolatos feladatokról [dt.] 24 S.
Aus: Állam és igazgatás. 1955/12.
[Betr. Ungarn] ÜUn 159

Nagy,Lázló: Die Aufgaben der Räte im System der staatlichen Führung der Produktionsgenossenschaften. Tanácsaink feladatai a termelöszövetkezetek állami irányításának rendszerében [dt.] 44 S.
Aus: Állam és igazgatás. 1955/7.
[Betr. Ungarn] ÜUn 155

Tadžer,Vitali E.(Tadsher, Witali E.): Das Musterstatut der LPG als Normativakt. Primernijat ustav na TKZS kato normativen akt [dt.] 24 S.
Aus: Socialističesko pravo. 1955/8.
[Betr. Bulgarien] ÜB 138

10.Strafrecht,Strafprozeß

Barna,Péter: Die Unterlassung der Anzeige. A feljelentés elmulasztása [dt.] 19 S.
Aus: Jogtudományi közlöny. 1955/12. ÜUn 163

Bényey,Zoltán: Begriff und Regelung der Gesellschaftsgefährlichkeit de lege ferenda. A társadalomra veszélyesség fogalma és szabályozása de lege ferenda [dt.] 47 S.
Aus: Jogtudományi közlöny. 1955/11. ÜUn 167

Pawelczynska, Anna: Gruppen jugendlicher Verbrecher. Grupy nieletnich przestępców [dt.] 42 S.
Aus: Nowe prawo. 1956/1.
[Betr. Polen] ÜP 359

Sawicki, Jerzy: Das Rowdytum im Strafrecht Volkspolens. Chuligaństwo w prawie karnym Polski Ludowej [dt.] Analyse der Praxis und gesetzgeberische Schlußfolgerungen. 65 S.
Aus: Państwo i prawo. 1955/10. ÜP 362

Szerer, Mieczyslaw: Wie soll man ein Strafgesetzbuch schreiben? Jak należy pisać kodeks karny? [dt.] 37 S.
Aus: Nowe prawo. 1955/12.
[Betr. Polen] ÜP 363

Vŭlkov, Ivan V. (Wulkow, Iwan W.): Das Problem vom Irrtum im Strafrecht. Problemŭt za greškata v nakazatelnoto pravo [dt.] 23 S.
Aus: Socialističesko pravo. 1955/9. ÜB 132

11. Kriminalistik, Gerichtliche Medizin

Vedenskij, I.N. (Wedenski, I.N.): Alkoholismus und andere Arten der Narkotika-Sucht. 37 S.
Aus: Gerichtsspychiatrie. Kap. 18. - Moskau 1954. ÜR 819

12. Gerichtsverfassung, Anwaltschaft, Staatliches Notariat

Bojm, Leon: Der Platz und die Rolle des Gerichts im System der staatlichen Organe der Volksrepublik Polen. Miejsce i rola sądu w systemie organów państwowych Polski Rzeczypospolitej Ludowej [dt.] 49 S.
Aus: Nowe prawo. 1956/1. ÜP 366

Veličkov, St. (Welitschkow, St.): Die Gerichtsbeisitzer und unsere Arbeit mit ihnen. Institutŭt sŭdebni zasedateli i rabota ni s tjach [dt.] 13 S.
Aus: Socialističesko pravo. 1955/9.
[Betr. Bulgarien] ÜB 134

13. Vertragssystem, Arbitrage

Kemenes, Béla: Grundsätzliche Kodifikationsfragen der Verantwortlichkeit für Vertragsbruch. A szerződésszegésért való felelősség kodifikációs elvi kérdései [dt.] 47 S.
Aus: Jogtudományi közlöny. 1955/12.
[Betr. Ungarn] ÜUn 161

Nikolov, Asen. (Nikolow, Asen): Die vorvertragliche Arbitrage. Predogovoren arbitraž [dt.] 20 S.
Aus: Socialističesko pravo. 1955/9.
[Betr. Bulgarien] ÜB 136

14.Zivilrecht,Zivilprozeß

Bartuška,Ján: Aus der Rede des Justizministers J.Bartuška zum Gesetzentwurf über die volkseigenen Betriebe. Z projevu k návrhu zákona o národních podnicích [dt.] 4 S.
Aus: Rudé právo vom 25.10.1955.
[Betr. ČSR] ÜT 309

Farkas, József: Unstreitige Tatsachen im Zivilprozeß. Nemvitás tények a polgári perben [dt.] 32 S.
Aus: Jogtudományi közlöny. 1955/11. ÜUn 165

Lachout, Vaclaw: Die quantitative Übernahme von Erzeugnissen. Kvantitativní přejímka výrobku [dt.] 25 S.
Aus: Socialistická zákonnost. 1955/8.
[Betr. ČSR] ÜT 315

Svitavský,Karel: Die Garantie für die Qualität der Erzeugnisse. Záruka za jakost výrobku [dt.] (Diskussionsbeitrag.) 23 S.
Aus: Socialistická zákonnost. 1955/10.
[Betr. ČSR] ÜT 313

Wengerek,Edmund: Das Prinzip der Gleichheit der Parteien im Zivilprozeß. Zasada równości stron w procesie cywilnym [dt.] 46 S.
Aus: Państwo i prawo. 1955/11.
[Betr.Polen] ÜP 365

Diskussionsmaterial zum Entwurf des Zivilgesetzbuches der Volksrepublik Polen aus der wissenschaftlichen Tagung des Ausschusses für Rechtswissenschaften an der Polnischen Akademie der Wissenschaften (8.- 10.Dez.1954 in Warschau). Materiały dyskusyjne do projektu kodeksu cywilnego Polskiej Rzeczypospolitej Ludowej [dt.] Referent Jerzy Wiszniewski. [Teilübers.] 23 S.
[Orig.ersch.] Warszawa 1955. ÜP 357

15.Familienrecht

Štěpina, Jaroslav: Die neue gesetzliche Regelung der Ehescheidungen. Nová zákonná úprava rozvodů [dt.] 7 S.
Aus: Soudce z lidu. 1956/1.
[Betr. ČSR] ÜT 311

16.Internationales Privatrecht

Keine Eingänge

17.Arbeitsrecht

Sonin,M.J.;A.I.Kacenelinbojgen: Probleme des Tarifierens der Arbeiten und der Arbeiter bei der Einführung fortschrittlicher Methoden der Arbeitsorganisation. Zagadnienia taryfikacji robót i robótników przy wprowadzaniu przodujących metod organizacji pracy [dt.]
Aus: Ekonomika i organizacja pracy. 1955/4. 8 S.
[Betr. UdSSR] ÜP 361

18.Sonstiges

Butenko, A.P.: Über den Inhalt des Begriffes "Volk". O soderžanii ponjatija "narod" [dt.] 8 S.
Aus: Voprosy istorii. 1955/4. ÜR 815

Neue Korrespondenten. Noví přispivatelé [dt.] 2 S.
Aus: Socialistická zákonnost. 1955/10.
[Betr. ČSR] ÜT 298

Parma,Milos: Was wird 1956 an juristischer Literatur erscheinen? Co vyjde letos v právnické literatuře ? [dt.] 8 S.
Aus: Socialistická zákonnost. 1956/1.
[Betr. ČSR] ÜT 317

ALPHABETISCHES SACHGRUPPENVERZEICHNIS

Verantwortlicher Redakteur: Dr. Bellmann, Potsdam-Babelsberg II, Karl-Marx-Straße 2. Die Zeitschrift erscheint zweimonatlich. Der Bezugspreis beträgt pro Heft DM 3,70 zuzüglich Porto- und Versandkosten. Verlag: Akademie-Verlag GmbH., Berlin W 8, Mohrenstraße 39, Fernruf: 20 03 86, Postscheckkonto: Berlin 350 21
Satz und Druck: (100) Akademie-Verlag GmbH., Berlin W 8 (100) Ag 718/56/DDR

Kolibri 360 GmbH
Ferdinand-Jühlke-Straße 7
99095 Erfurt, Deutschland
produktsicherheit@kolibri360.de